NaturheilPraxis Vög

Bernard Dorenkamp

NaturheilPraxis Vögel

Schnelle Selbsthilfe durch Homöopathie und Bach-Blüten

Unter Mitarbeit von
Sigrun Rittrich-Dorenkamp

Zeichnungen von György Jankovics

GU GRÄFE UND UNZER

Inhalt

Praxis für den Vogelhalter

Anhang

Krankheiten selbst behandeln

Was Sie über Ihren Vogel wissen sollten

Vögel faszinieren und bezaubern uns mit ihren hübschen Farben, ihren schönen Stimmen, ihrem unbändigen Temperament und ihrer Fähigkeit, sich scheinbar schwerelos in die Lüfte zu erheben. Sie zu uns ins Haus zu holen, ist der Versuch, ein Stück der unbeschwerten Leichtigkeit des Seins zu erlangen.

Wie kaum ein anderes Tier genießen Vögel in der Natur grenzenlose Freiheit. Umso mehr leiden sie unter der Gefangenschaft. An Ihnen als Vogelhalter liegt es, daß diese wunderbaren Geschöpfe ihre Lebensfreude durch richtige Haltung und Ernährung behalten.

Der gesunde Vogel

Die Beurteilung des Vogels

Für jeden Vogelliebhaber ist es wichtig, den Gesundheitszustand seines Tieres beurteilen zu können. Das ist gar nicht so einfach, denn Vögel sind Meister im Verbergen von Krankheitsanzeichen. Scheinbar gesund, können sie doch schon schwer geschädigt sein. Wenn Sie dann wirklich sehen, daß etwas nicht stimmt, ist es oft bereits zu spät.
Dieses Verhalten der Vögel ist eine natürliche Verteidigungsstrategie, denn Beutegreifer versuchen zuerst, aus einem Schwarm schwache Vögel zu fangen. Würde ein Vogel seine Schwäche zu erkennen geben, wäre er sofort Ziel des Angriffs. Deshalb erfordert es bei Vögeln viel mehr Auf-

Mit glänzenden Augen nimmt dieser Beo Anteil an seiner Umgebung. Er macht keinen kranken Eindruck.

Gesundheits-Check

✓ **Verhalten**
gesund: aktiv, nimmt Anteil an seiner Umgebung
krank: wenig aktiv, sitzt still da, hat den Kopf auch am Tag untergesteckt

✓ **Gefieder**
gesund: glatt, glänzend, vollständig
krank: leicht gesträubt, mit kahlen Stellen

✓ **Augen**
gesund: glänzend, offen
krank: trüb, leicht geschlossen

✓ **Futter- und Wasseraufnahme**
gesund: ungestört
krank: gestört

✓ **Ausscheidungen**
gesund: Farbe und Form normal (→ Text)
krank: zu weich, zu hart, viel Flüssigkeit

✓ **Schnabel**
gesund: glatt, ohne Auflagerungen
krank: rissig, spröde, mit Auflagerungen, verformt, weich

✓ **Nase**
gesund: glatt, ohne Auflagerungen
krank: rauh, mit Auflagerungen, Verfärbungen, verstopfte Nasenlöcher

✓ **Beine, Zehen**
gesund: glatt, ohne Auflagerungen
krank: dicke Schuppen, Krusten, graue Auflagerungen, geschwollen, dick, schwarze Zehen

merksamkeit als bei anderen Tieren, zwischen gesund und krank zu unterscheiden. Hilfestellung dazu kann Ihnen nebenstehende Tabelle bieten.
Auch der Ernährungszustand gibt wichtige Hinweise über die Gesundheit. Tastet man die Brust des Vogels ab, so muß die Muskulatur fest und rund sein. Der Brustbeinkamm darf nicht scharf hervorspringen.

Papageien

Zu den Papageien gehören die eigentlichen Papageien mit den Sittichen, die Kakadus und die Loris. Sie haben einen sehr kräftigen, harten, beweglichen Schnabel. Bei einem gesunden Vogel befinden sich keine Futterreste am Schnabel oder im Schnabelwinkel. Unterhalb der Augen sind keinerlei Schwellungen zu sehen.
Die Ausscheidungen bestehen aus dem deutlich voneinander zu unterscheidenden festen Kot, dem cremig-weißen Urat (→ Seite 123) und ganz wenig klar-flüssigem Urin. Während kleinere Arten 25- bis 50mal pro Tag Kot absetzen, begnügen sich größere Arten wie Aras mit 8- bis 15mal.
Die Papageien klettern und fliegen gern, einige sind gute Nachahmer. Die geselligen Vögel zeigen starke Anteilnahme an ihrer Umgebung, freuen sich über Spielzeug und können sehr zahm werden. Erscheint ein sonst scheuer Vogel jedoch plötzlich zutraulich, so kann dies ein Hinweis auf eine Krankheit sein.

Körnerfresser

Zu den sog. Körnerfressern zählen Kanarienvögel und andere Finken, Prachtfinken, Weber und Ammern. Sie sind allgemein lebhafter als die Papageien und haben einen hohen Bewegungsdrang. Mit viel Geduld können einige Arten recht zutraulich werden, sie werden aber nie so zahm wie Papageien. Will man einen dieser quirligen Gesellen ergreifen, wird er immer erschreckt wegfliegen. Bleibt er sitzen, ist er mit Sicherheit schwer krank.
Kot wird regelmäßig abgesetzt und ist von eher breiiger Konsistenz. Der weißliche Uratanteil (→ Seite 123) ist deutlich davon unterschieden.

Papageien brauchen viel Gesellschaft und Beschäftigung, um gesund zu bleiben.

Weichfresser

Weichfresser wie Beos oder Nachtigallen sind sehr lebhafte und anspruchsvolle Tiere. Sie brauchen viel Platz zum Hüpfen und Fliegen, verstecken sich aber auch gern im Gebüsch. Bis auf wenige Arten (z. B. Beos) bleiben sie eher scheu.
Futter und Ausscheidungen werden weit umhergeschleudert. Letztere sind weich bis dünnflüssig, dennoch kann man Kot- und Uratanteil (→ Seite 123) deutlich unterscheiden.

Gesundheitsvorsorge

Die regelmäßige Krankheitsvorsorge

Um kranke von gesunden Vögeln zu unterscheiden, ist eine tägliche gründliche Beobachtung dringend zu empfehlen. Ein zahmer Vogel kann dabei vorsichtig auf die Hand genommen werden, ein scheuer Körnerfresser oder Weichfresser nur bei verdächtigen Anzeichen. Diese Vögel würden durch das Ergreifen zu sehr geängstigt, allein durch diesen Streß könnte eine Erkrankung ausbrechen.

Das Ziel der täglichen Kontrolle ist, schon erste Zeichen einer Gesundheitsstörung zu erkennen und die richtigen Maßnahmen zu ergreifen oder tierärztliche Hilfe in Anspruch zu nehmen. Denn Verzögerungen führen schnell zum Tod. Kommt ein neuer Vogel in einen Bestand, so sollte er für mindestens sechs Wochen isoliert in Quarantäne gehalten werden, bevor er zu den anderen in die Voliere darf.

Papageien und Beos sollten Sie möglichst einmal im Jahr Ihrem Tierarzt für einen Gesundheits-Check vorstellen, für empfindlichere Arten wäre dies zu streßig.

Vorbeugung vor Ektoparasiten

Einzeln im Haus gehaltene Vögel werden zum Glück selten stärker von Ektoparasiten (→ Seite 66) befallen. Dagegen kann es bei Volierenhaltung zu einer lebensbedrohlichen Vermehrung der Parasiten kommen. Um das Ansteckungsrisiko zu vermindern, sollte die Voliere so gebaut sein, daß Ihre Ziervögel keinen Kontakt mit Wildvögeln haben.

Größere Käfige oder Volieren sollten Sie mindestens einmal im Monat mit einem ungiftigen Mit-

Bei einer solchen Belagerung gerät jeder Vogel in Panik und durchleidet 1000 Ängste.

Gefahren beim Freiflug

- ✓ Vergiften an Pflanzen, Chemikalien, Putzmitteln, Kochsalz, Zigarettenstummeln oder Metallen
- ✓ Verbrennen an heißen Herdplatten, offenen Töpfen, Lampen oder Kerzenlicht
- ✓ Verletzen durch Fliegen gegen Fenster
- ✓ Ertrinken in Badewannen, Toiletten, Eimern, Gießkannen oder Blumenvasen
- ✓ Hängenbleiben an Gardinen mit den feinen Zehennägeln
- ✓ Stromschlag beim Durchknabbern von Stromkabeln
- ✓ Erdrosseln mit Fäden
- ✓ Klebenbleiben an Fliegenfängern
- ✓ Hunde und Katzen

tel wie Exner Petguard einsprühen; es ist für die Vögel nicht schädlich, vernichtet aber Milben dennoch wirksam. Auch die Vögel können damit regelmäßig behandelt werden.
Im Sommer ist es ratsam, Volieren einmal wöchentlich mit der Lupe auf Parasiten zu untersuchen, vor allem die Ecken und Ritzen. Ebenso werden ausgefallene Federn kontrolliert.

Vorbeugung vor Endoparasiten

Die Infektion der Vögel mit Endoparasiten (→ Seite 53) erfolgt meist über Futter oder Wasser.
Um eine Verbreitung dieser Parasiten zu verhindern, sollten Sie

- Futter- und Wassernäpfe vor Verschmutzung durch Kot schützen
- den Inhalt täglich wechseln
- das Badewasser täglich erneuern
- die Ausscheidungen täglich entfernen, bei Weichfressern am besten zweimal täglich
- Einrichtungsgegenstände des Käfigs und die Bodenschicht regelmäßig reinigen.

Gartenvolieren sollten immer überdacht sein, damit sich die Insassen nicht durch den Kot von Wildvögeln infizieren können.
Eine Probe des Vogelkots lassen Sie am besten alle drei Monate beim Tierarzt auf Parasiten untersuchen. Eine unspezifische Entwurmung ist nicht ratsam, da viele Endoparasiten nur mit ganz bestimmten Medikamenten beseitigt werden können. Mit Mitteln der Naturheilkunde sind Endoparasiten nicht zu bekämpfen.

Impfungen

Für Heimvögel gibt es nur wenige Impfstoffe.
Gegen Newcastle-Disease (→ Seite 122) ist theoretisch eine Impfung bei Singvögeln und Papageien möglich; die Wirksamkeit ist jedoch umstritten.

Im Käfig gehaltene Vögel sollten regelmäßig frei fliegen dürfen. Räumen Sie zuvor alle Gefahrenquellen weg.

Gegen Pocken (→ Seite 123) sollten Finken- und Kanarienbestände einmal jährlich Anfang Juli geimpft werden. Für Papageien ist kein Impfstoff vorhanden.
Ob eine Impfung überhaupt sinnvoll und möglich ist, sollten Sie bei einem Besuch mit Ihrem Vogel beim Tierarzt erörtern.

Vermeidung von Gefahrenquellen

Zur Gesunderhaltung ist es auch wichtig, alle Gefahrenquellen (→ Tabelle, Seite 10) in der Nähe des Vogels auszuschließen. Vielen Vögeln wird gerade ihre Vertrautheit und Neugierde beim Freiflug zum Verhängnis.

Die richtige Haltung

Durch seine Fähigkeit zu fliegen ist der Vogel in der Natur an fast grenzenlose Freiheit gewöhnt. Wenn Sie sich so ein Tier ins Haus holen, übernehmen Sie eine große Verantwortung für sein Wohlergehen. Der Vogel ist in Gefangenschaft völlig auf Ihre Aufmerksamkeit, Ihr Wissen um seine Bedürfnisse und Ihre Pflege angewiesen.

Die Qual der Wahl

Ob muntere Körnerfresser, empfindliche und anspruchsvolle Weichfresser oder zutrauliche, fordernde Papageien – die Auswahl ist groß und der Vogelliebhaber hat es nicht leicht, sich zu entscheiden. Kaufen Sie keine Wildfänge! Ein solcher Vogel, der aus seiner Heimat, ja wahrscheinlich von seinem Partner weggerissen worden ist, wird immer traurig und verängstigt sein. Wahrscheinlich wird er sich bei Ihnen nie heimisch fühlen. Dagegen können sich Vögel aus Nachzuchten – artgerechte Haltung vorausgesetzt – zu wunderbaren Freunden entwickeln. Auch aus Gründen des Artenschutzes sollten Sie einen Wildfang ablehnen.

Ohne sein tägliches Bad zur Gefiederpflege fühlt sich der Wellensittich nicht wohl.

Die wichtigsten Pflegemaßnahmen

	Papageien	**Körnerfresser**	**Weichfresser**
Neues Futter und Wasser	täglich	täglich	2mal täglich
Reinigung			
gründlich	alle 2-3 Tage	alle 2-3 Tage	täglich
grob	täglich	täglich	2mal täglich
Einsprühen mit Exner Petguard			
Federkleid	wöchentlich	wöchentlich	wöchentlich
Voliere	monatlich	monatlich	monatlich
genaue Beobachtung	täglich	täglich	täglich
genaue Untersuchung	wöchentlich	nach Bedarf	nach Bedarf
Krallen- und Schnabelpflege	nach Bedarf	nach Bedarf	nach Bedarf
Kotuntersuchung auf Parasiten	alle 3 Monate	alle 3 Monate	alle 3 Monate
Bademöglichkeit	täglich	täglich	täglich
Einsprühen	täglich (v.a. Papageien aus tropischen Regenwäldern)	–	–

In einer natürlichen Umgebung fühlen sich Vögel immer am wohlsten.

Als gesellige Wesen brauchen alle Vögel, auch Papageien, einen Partner und sollten nie allein gehalten werden.

Bei der Wahl der Vogelart sollten Sie folgende Punkte bedenken:

- Wieviel Platz können Sie dem Vogel bieten?
- Eine enge Beziehung läßt sich nur zu einigen Papageienarten und Beos aufbauen. Aber diese Vögel fordern dann ihrerseits auch den Besitzer. Sie müssen genug Zeit haben, sich mehrmals täglich ausgiebig mit ihnen zu beschäftigen.
- Bei einem großen Papagei wie Graupapagei, Ara oder Kakadu müssen Sie sich im klaren sein, daß dies eine Verbindung für viele Jahrzehnte werden wird. Diese Vögel werden alt und binden sich lebenslang an ihren Partner, aber auch an die Bezugsperson. Sie sind hochintelligent und sensibel und brauchen sehr viel Aufmerksamkeit und Anregung, aber wegen ihres gefährlichen Schnabels auch eine gute Erziehung.
- Kleinere Arten sind einfacher zu halten. Allerdings werden nicht alle so zahm wie Wellensittiche oder Nymphensittiche. Wegen des extrem flüssigen Kotes sind Loris, aber auch Beos problematisch.

Bitte keine Einzelhaltung

Vögel sind Gesellschaftstiere und sollten nie einzeln gehalten werden. Selbst wenn Sie sich noch so viel Mühe geben, Sie können den Vogelpartner nie wirklich ersetzen. Ihr Vogel, der in Ihnen den Partner sieht, ist ständig frustriert. Daraus entstehen viele psychische Störungen und körperliche Krankheiten; Vögel können an Einsamkeit und Trauer auch eingehen.
Mit einem passenden Vogelpartner entstehen diese Probleme nicht.

Wenn Sie Wert auf ausgesprochen zahme Vögel (Papageien, Beos) und eine enge Beziehung zu ihnen legen, sollten Sie zuerst einen einzelnen jungen Vogel erwerben und sich sehr viel mit ihm beschäftigen. Erst nach ein paar Wochen kommt dann der zweite nestjunge Vogel dazu und wird langsam eingewöhnt.

Kinder und Vögel

Die idealen Freunde für Ihre Kinder sind Wellensittiche und Nymphensittiche. Hier gilt ebenfalls: nie nur einen einzelnen Vogel halten!
Auch wenn die Pflege größeren Kindern durchaus schon übertragen werden kann, müssen Sie sich täglich selbst davon überzeugen, daß es den Vögeln an nichts mangelt.

Die richtige Haltung

Die beste Haltungsform ist ohne Frage die mit der größtmöglichen Bewegungsfreiheit, und die bieten Garten- oder Zimmervolieren oder ein Vogelzimmer. Mit ungiftigen Sträuchern, Baumstämmen, Pflanzen und Steinen können diese Vogelhäuser sehr dekorativ gestaltet werden. Auf keinen Fall sollten Sie Papageien auf Freisitzen anketten!

Der richtige Käfig

Leider hat nicht jeder Vogelliebhaber die räumlichen Voraussetzungen für eine große Voliere. Halten Sie Ihre Vögel in einem Käfig, sollten Sie auf die richtige Größe und Form achten. Völlig ungeeignet sind runde Vogelbauer oder verschnörkelte Käfige. Die beste Form ist ein schlichtes Rechteck, das auch für kleine Vögel wie Wellensittiche oder Kanarienvögel ein Mindestmaß von etwa 60 x 30 x 50 cm (L x B x H) haben sollte, besser wäre 100 x 50 x 80 cm. Für größere Vögel muß der Käfig entsprechend geräumiger sein. Bei Wellensittichen, die viel klettern, sollte der Käfig eher höher, bei Weichfressern eher länger sein, denn sie brauchen Platz zum Hüpfen.
Das Gittermaterial des Käfigs muß frei von Schadstoffen sein, da sich Papageien beim Beknabbern der Stäbe sonst vergiften könnten.

Die Einrichtung des Käfigs

- Drei bis vier Sitzstangen reichen meist aus. Aber tauschen Sie einige der Stangen gegen Naturholzäste (z. B. von Obstbäumen, Weiden, Eichen, Erlen oder Pappeln) aus. Die üblichen Plastik- oder Holzstangen können Fußballengeschwüre verursachen. Die Zweige sollten unterschiedlich stark und so dick sein, daß der Vogel sie mit seinen Zehen etwa zu $^2/_3$ oder $^3/_4$ umfassen kann. Bevor Sie die Äste im Käfig anbringen, sollten Sie sie mit heißem Wasser abbürsten. Für Papageien sind die Naturholzäste auch ein wichtiges Beschäftigungsmittel; sie knabbern gern daran.
Wichtig ist auch, daß zumindest einige Stangen federnd angebracht werden.
- Futternäpfe benötigen Sie so viele, daß Sie die einzelnen Futtersorten in verschiedene Gefäße geben können. So können Sie besser kontrollieren, was Ihrem Vogel schmeckt.
Futterautomaten sind nicht zu empfehlen. Die Spelzen der Körner können die Öffnung verstop-

Käfigausstattung

- ✓ Naturholzäste, Holzsitzstangen
- ✓ Gefäß mit Grit oder zerstoßenen Muschelschalen (für Körnerfresser)
- ✓ Kalkstein oder Sepiaschale
- ✓ Badehäuschen oder -becken
- ✓ Spielzeug (nur für Papageien!)
- ✓ Schlafkiste, vor allem für Papageien
- ✓ ausreichend viele Wasser- und Futternäpfe.

Um Fußballengeschwüre zu vermeiden, sollten Sitzstangen aus Naturholzästen bestehen.

Größere Papageien brauchen mindestens diese Käfiggröße – und zusätzlichen Freiflug.

fen, die Vögel verhungern vor dem gefüllten Automaten. Wasserautomaten sind dagegen ganz praktisch.
Füttern Sie Frucht- und Weichfresser nie am Boden, sondern bringen Sie eine ausreichende Anzahl an Gefäßen in erhöhter Position an.

- Als Bodenbelag eignet sich Sand oder Zeitungspapier.

Der richtige Platz

Wo Sie sich am häufigsten aufhalten, da sollte auch der Vogelkäfig stehen – mit Ausnahme der Küche, denn hier lauern zu viele Gefahren. Ihre Vögel fühlen sich am wohlsten an einem hellen Platz in der Nähe des Fensters. Zugluft und volle Sonneneinstrahlung müssen auf jeden Fall vermieden werden. Sonnenlicht ist zwar wichtig, aber die Vögel müssen sich in den Schatten zurückziehen können. Zigarettenqualm und laute Musik schaden der Gesundheit Ihrer Vögel!

Freiflug

Bei allen Vögeln in Käfighaltung ist es unbedingt notwendig, sie einige Stunden täglich, mindestens aber 1 Stunde, frei fliegen zu lassen, um ihnen genügend Bewegung zu verschaffen. Sonst verfetten die Vögel und werden krank. Volieren müssen ausreichend Flugraum bieten.

Wichtig: Bauen Sie Ihren Vögeln für den Freiflug einen Vogelbaum mit einer großen Schale zum Auffangen der Ausscheidungen.

Die richtige Ernährung

In der Natur kann sich ein Vogel das Futter suchen, das seinen Bedürfnissen am besten entspricht. Käfigvögel sind auf das angewiesen, was Sie ihnen anbieten. Ihre Gesundheit hängt davon ab, in welchem Maße Sie sich mit den Nahrungsansprüchen Ihrer Pfleglinge vertraut gemacht haben und auch bereit sind, sich danach zu richten.

Die wichtigsten Inhaltsstoffe

Eiweiß, Kohlenhydrate und Fette, der Gehalt an Aminosäuren, Mineralstoffen, Spurenelementen und Vitaminen sowie deren Verdaulichkeit für den Vogel machen den Wert eines Futters aus.

Eiweiß (Protein) nimmt der Vogel sowohl über pflanzliche als auch tierische Nahrung auf. Allerdings unterscheidet sich pflanzliches von tierischem Eiweiß in der Zusammensetzung der Aminosäuren. Viele davon sind lebensnotwendig (»essentiell«) und müssen dem Vogel über die Nahrung zugeführt werden. Tierisches Eiweiß enthält grundsätzlich mehr essentielle Aminosäuren als pflanzliches Eiweiß. Durch ein vielseitiges Angebot läßt sich dieser Mangel in der pflanzlichen Nah-

Eine ausgewogene und abwechslungsreiche Kost ist lebenswichtig für die Vögel.

Vitaminmangel-Krankheiten

Mangel an	hat zur Folge
Vitamin A	fehlende Widerstandskraft des Organismus gegen Infektionen Erkrankungen der oberen Luftwege, der Nieren Knochenwachstumsstörungen, Hyperkeratose Federverfärbungen, Augenveränderungen Bewegungsstörungen Brutprobleme
Vitamin D_3	Störung des Kalzium-Phosphor-Haushaltes unzureichende Verkalkung der Knochen: Rachitis, Osteomalazie weiche Schnäbel, Lähmungserscheinungen, dünnschalige Eier
Vitamin E	zentralnervöse Störungen, Bewegungsstörungen Leberschäden Unfruchtbarkeit
Vitamin B	Bewegungsstörungen, Krämpfe, Lähmungen und Wachstumsverzögerung, gedrehte Zehen, geschwollene Füße Fettleber schlechter Schlupf
Vitamin K	verringerte Blutgerinnungsfähigkeit

rung allerdings teilweise ausgleichen. In Zeiten eines höheren Proteinbedarfs (Mauser, Brutzeit, Wachstum) greifen alle Vögel, auch Körner- und Fruchtfresser, auf tierische Eiweißquellen wie Insekten zurück.

Mit den Kohlenhydraten, den Hauptbestandteilen der Pflanzen, decken die Vögel ihren Energiebedarf; sie sind relativ leicht verdaulich. Die ebenfalls enthaltene Rohfaser ist dagegen für Vögel meist unverdaulich. Deshalb entspelzen viele Vögel, vor allem Papageien, vor dem Verzehr die Samen oder schälen Nüsse und Früchte.
Was der Vogelkörper nicht sofort für die Energiegewinnung verbraucht, lagert er als Fett ab.

Fette liefern mehr als das Doppelte an Energie als Kohlenhydrate gleichen Gewichts. Freilebende Vögel legen sich für Notzeiten (Winter, vor langen Zugstrecken) ein Fettdepot an, das aber regelmäßig wieder abgebaut wird. Bei Käfigvögeln findet dieser Abbau der Fettreserven häufig nicht statt; dadurch kann es zu schweren Gesundheitsstörungen kommen.
Als Träger der fettlöslichen Vitamine A, D, E und K und der essentiellen Fettsäuren sind Fette aber auch notwendig. Zur Brutzeit ist eine ausreichende Versorgung mit den essentiellen Fettsäuren Voraussetzung für eine gute Schlupfrate.

Alle Vitamine sind für den Ablauf der Lebensvorgänge unersetzlich. Vitaminmangel führt unweigerlich zu Störungen und Erkrankungen (→ Tabelle, Seite 16). Leider ist bei Ziervögeln weder der genaue Vitaminbedarf noch der Vitamingehalt der Futtermittel bekannt. Man weiß aber, daß die Ziervögel allgemein einen hohen Bedarf an Vitaminen haben, besonders an den Vitaminen A, D_3 und B, und daß er bei Hitze und Kälte, bei Streß (z. B. Transport, Umgewöhnung), zur Brutzeit, zur Mauser und bei Parasitenbefall steigt.

Obstsäfte sind wertvolle Vitaminlieferanten. Sie können allen Vögeln regelmäßig gereicht werden.

Eine Vitaminüberversorgung wäre zwar auch schädlich, aber Hauptursache für Erkrankungen der Käfigvögel ist die Unterversorgung. Eine ausreichende Vitaminversorgung über das normale Futter wird bei Käfighaltung kaum zu erreichen sein. Zusätzlich sinkt der Vitamingehalt des Futters bei langer Lagerung beträchtlich. Deshalb müssen zusätzlich Vitamine angeboten werden.

Mangel an	entsteht durch
Vitamin A	ausschließliche Körnerfütterung
Vitamin D_3	keine direkte Sonne (Fensterscheiben absorbieren UV!)
Vitamin E	ranziges Futter

Einen Teil ihres Bedarfs an Vitamin B_{12} holen sich Wellensittiche, indem sie eigenen Kot aufnehmen. Da Vitamin K_2 zum Teil über Mikroorganismen im Darm gebildet wird, ist es unbedingt nötig, nach Gaben von Antibiotika oder Sulfonamiden die Vitamine B und K zu verabreichen.

Unter Mineralien und Spurenelementen versteht man eine Reihe elementarer Stoffe, die am Aufbau des Körpers beteiligt sind. Einige werden in größeren Mengen (z.B. Kalzium, Phosphor, Kalium, Schwefel, Magnesium), andere nur in Spuren (z.B. Mangan, Eisen, Zink, Jod, Kupfer, Kobalt) benötigt. Leider gibt es bis heute keine genaueren Kenntnisse über den Mineralstoffbedarf der Ziervögel. Deshalb sollten Mineralstoffquellen wie Sepia- und Muschelschalen, Grit oder Wasser den Vögeln ständig zur Verfügung stehen, damit sie sich das holen können, was sie benötigen.

Vitamin- und Eiweißquellen

Grünfutter

- Blatt- und Blütenknospen sowie Blätter von Obstbäumen, Weiß- und Schwarzdorn, Ahorn, Birke, Erle, Eiche, Buche, Ulme, Weide, Holunder, Kiefer, Fichte, Heidelbeere
- Brennesseln, alle Salatsorten, Löwenzahn, Petersilie, Rosenkohl, Spinat, Sauerampfer, Vogelmiere, frisches Keimfutter

Früchte/Obst

- Geschälte Südfrüchte wie Orangen, Bananen
- Rosinen (ungeschwefelt!), Feigen, Weintrauben, Äpfel, Birnen
- Eberesche, Feuerdorn, Brombeere, Himbeere, Holunder, Johannisbeere
- Melonen, Süßkirschen, Aprikosen
- Tomaten, Gurken, Möhren, Sellerie

Tierisches Eiweiß

- Lebende Tiere wie Würmer, Asseln, Fruchtfliegen, Mehlwürmer, Fliegenmaden, Heimchen und Grillen, glatte Raupen, Spinnen, Blattläuse, Insekten von Nadelbäumen, Tubifexe, Wasserflöhe, Hüpferlinge, Schnecken
- Eier (nur hartgekocht), Magerquark
- gutes Weichfutter (Zoofachhandel) und Mischfuttermittel für Geflügel, z.B. für Küken oder Legehennen

Frisches Obst sollte nicht nur bei Fruchtfressern wie dem Beo stets auf dem Speiseplan stehen.

Wichtig: Zu viele Mehlwürmer sind schädlich! Nur frisch gehäutete Tiere und kleine Mengen anbieten.
Regenwürmer sind für kleine Vögel zu zäh, außerdem während der Fortpflanzungszeit von Mai bis Juli giftig.
Schnecken und Regenwürmer dienen als Zwischenwirt für Parasiten der Vögel (Bandwurm und Luftröhrenwurm). Deshalb regelmäßig den Kot untersuchen lassen!

Wasser

Natürlich brauchen auch Vögel Wasser. Doch der Bedarf schwankt je nach ihrer Herkunft und ihrer Ernährung sehr. Fruchtfresser holen sich viel Flüssigkeit über Obst. Selbst Sämereien enthalten noch ca. 10 % Wasser. Sogar über den Abbau von Fett und Kohlenhydraten erlangen die Vögel noch »Verbrennungswasser«. Einige Arten sind in der Lage, notfalls tagelang ohne zusätzliches Wasser auszukommen. Wenn ihnen das angebotene Was-

Hirse ist ein besonderer Leckerbissen, der Vögeln immer gereicht werden kann.

Papageien brauchen ständig was zum Knabbern. Dieser hat sich einen Fichtenzapfen geangelt.

ser nicht zusagt, lassen sie es einfach stehen. Sie können sich also nicht darauf verlassen, daß die Vögel Medikamente, Vitamine oder Mineralien über das Trinkwasser aufnehmen.

Verdorbenes Futter

Grünfutter und tierisches Eiweiß müssen immer ganz frisch angeboten werden, denn es wird sehr schnell schlecht. Aber auch Körnerfutter kann durch zu lange Lagerung, Staub und Feuchtigkeit verdorben sein. Ölhaltige Saaten und Fette werden sehr schnell ranzig. Darüber hinaus können sich Futtermilben einnisten oder Pilze das Futter durchziehen.

Verdorbenes Futter darf nicht mehr verwendet werden, denn es kann schwere Gesundheitsstörungen zur Folge haben wie Verdauungsstörungen oder Leberschäden. Meist sieht man es dem Futter nicht an, daß es verdorben ist. Deshalb sollten Sie Samen und Kerne hin und wieder kosten oder das Futter mit der Lupe und allen Sinnen prüfen.

Lassen Sie das Futter von Zeit zu Zeit beim Tierarzt untersuchen. Er kann auch eine Pilzkultur anlegen.

Aufzuchtfutter

Als Aufzuchtfutter für die Jungen hat jede Vogelgruppe spezielle Vorlieben. Allen gemeinsam ist aber, daß sie viel tierisches Eiweiß (Insekten) verfüttern. Bieten Sie Ihren Vögeln zur Jungenaufzucht ein Futter aus frischem Magerquark, der vermischt ist mit Insekten, Fliegen, Spinnen und gutem Weichfutter, eventuell gehäuteten Mehlwürmern, hartgekochtem Ei und feingeriebenen Karotten, außerdem Zusätze von Vitaminen und Mineralien. Bei Papageien und Körnerfressern können Sie noch zerbröselten Zwieback oder Mehrkorn-Babynahrung als Pulver (ohne Milch) unterrühren.

Wichtig: Füttern Sie nicht zu viel auf einmal, sondern lieber weniger in kurzen Abständen. Die Nestlinge sollen bei Geräuschen oder Erschütterungen sofort sperren.

Futterzusammensetzung der einzelnen Vogelgruppen

So unterschiedlich die einzelnen Vogelgruppen aussehen, so spezialisiert ist auch ihr Verdauungssystem. Leider gibt es darüber kaum mehr als Basiswissen. Zudem unterliegen die Ernährungsgewohnheiten einem jahreszeitlichen Wechsel. Mit einem abwechslungsreichen Futter können Sie das Risiko einer Fehlernährung verringern.
Fütterungsfehler bedingen erhöhte Krankheitsanfälligkeit, Lustlosigkeit sowie mangelnde Fortpflanzung. Deshalb sollten Sie sich eingehend über die Ernährungsgewohnheiten der von Ihnen gehaltenen Vogelart informieren. Nur dann können Sie eine passende Ersatznahrung reichen.

Papageien

- Grundnahrung (breitgefächert und schnabelgerecht): Sämereien, Kerne und Getreide, z. B. Grundfuttermischungen im Zoofachhandel
- Leguminosen, Getreide, Grassamen und Ölsaaten auch in halbreifem oder gekeimtem Zustand
- ungespritztes, leicht verdauliches Grünfutter, Früchte und Obst
- frisches Holz mit Knospen und Rinde
- tierisches Eiweiß wie Quark, gekochtes Ei, Schnecken, Würmer, wenig Fleisch
- auch Alleinfutter für Legehennen

Papageien mögen Nüsse sehr gern, aber sie dürfen nicht zuviel davon erhalten.

Körnerfresser

- Ölhaltige Samen (z. B. Kanarienvögel), Grassamen (z. B. Prachtfinken)
- zusätzlich zum Grundfutter ungespritzte Grünpflanzen und deren Samenstände
- Insekten
- Früchte und Obst
- Eifutter und Weichfresserfutter

Wichtig: Berücksichtigen Sie beim Nahrungsangebot unbedingt den Ernährungszustand des Vogels.

Die häufigsten Fütterungsfehler

✓ **Überfütterung**

Zu energiereiches Futter mit zu hohem Kohlenhydrat- und Fettanteil führt bei gleichzeitigem Bewegungsmangel zu Verfettung.

✓ **Einseitige Ernährung**

Sie führt rasch zu Mangelsituationen.

Beide Fütterungsfehler haben früher oder später schwere Erkrankungen oder den Tod des Vogels zur Folge. Bieten Sie ein breites Spektrum pflanzlichen und tierischen Futters an, dann können sich Ihre Vögel das Richtige daraus zusammensuchen. Einseitig ernährte Vögel auf vielseitige Kost umzugewöhnen, kann manchmal viel Geduld und eine Menge Tricks erfordern!

Nestlinge mit der Hand aufzuziehen, erfordert viel Zeit und Wissen um ihre Bedürfnisse.

Wichtig: Stellen Sie den Körnerfressern als »Zahnersatz« kleine Steinchen (z. B. in Form von Sand oder Erde) zur Verfügung.

Insektenfresser

- Hauptnahrung: lebende Insekten
- Weichfutter (mit hohem Gehalt an Protein und essentiellen Aminosäuren), z. B. im Zoofachhandel
- Früchte, kleingeschnittenes Grün, Möhrensaft zum Anreichern des Fertigfutters
- Magerquark, hartgekochtes Ei

Wichtig: Die angesetzte Futtermischung verdirbt rasch und sollte deshalb mehrmals täglich frisch zubereitet werden.

Fruchtfresser

- Viel Obst und Früchte
- Pollen, Insekten (als Eiweißquelle)

Wichtig: Um Pilzerkrankungen vorzubeugen, stellen Sie den Vögeln ausreichend Badegelegenheiten zur Verfügung, damit sie ihren Schnabel von Futterresten reinigen können.

Nektarfressende Vögel

Dazu zählen Kolibris und Nektarvögel. Als Halter dieser Nahrungsspezialisten sollten Sie sich genauestens über deren Bedürfnisse informieren.

- Nektarersatz (Zoofachhandel) – der Zuckergehalt darf nie höher als 20 % sein, außerdem darf die Nährlösung keinen Milchzucker (Laktose) enthalten
- Blütenpollen, Insekten (als Eiweißquelle)

Wichtig: Die Form der Trinkröhrchen muß unbedingt der Schnabelform angepaßt sein. Die Trinkröhrchen sollten im Sitzen erreichbar sein, um Konkurrenzkämpfe zu vermeiden.

Naturheilverfahren im Überblick

In der freien Natur ist es durchaus üblich, daß Tiere instinktiv bei bestimmten Stoffwechselstörungen spezielle Pflanzen, Kräuter, Mineralien oder Organismen aufnehmen – ihre Krankheit also mit Naturheilmitteln behandeln, wie es auch die Menschen seit Jahrtausenden tun. Leider gibt es nur wenig wissenschaftliche Untersuchungen über die Anwendungen von Naturheilverfahren am Tier und schon gar nicht am Vogel. Wir wissen auch nicht, zu welchen Mitteln Vögel bei bestimmten Störungen greifen würden. Aber wir können in der Tierheilkunde aus einem reichhaltigen Erfahrungsschatz im Umgang mit Naturheilverfahren bei Tieren schöpfen.

Während die Allopathie (→ Seite 121) die Krankheit bzw. deren Symptome durch Arzneimittelgabe bekämpft oder fehlende Stoffe zuführt, will die Naturheilkunde durch Anregung der vorhandenen körpereigenen Heilkräfte die Abwehrlage verbessern. Die Störungen sollen von innen heraus reguliert und so eine Gesundung erreicht werden. Die Naturheilverfahren sehen den Organismus als Ganzes. Nicht eine einzelne Krankheit oder ein einzelnes Organ wird behandelt, sondern die Störung des gesamten Systems, mit dem Ziel eines gesunden biologischen Gleichgewichts.

Sind krankhafte Veränderungen so weit fortgeschritten, daß eine Regeneration und Regulation nicht mehr möglich ist, helfen auch Naturheilverfahren nicht mehr weiter. Viele schwere Erkrankungen, z.B. ansteckende Seuchen und Parasiten, dürfen keinesfalls nur mit naturheilkundlichen Mitteln behandelt werden. Und es gibt natürlich auch zwingende Gründe für chirurgische Eingriffe. Doch parallel zu den schulmedizinischen Maßnahmen können Naturheilmittel den Heilungsprozeß unterstützen.

Ein großer Vorteil der Naturheilmittel ist, daß sie – im Gegensatz zu chemischen Mitteln – bei korrekter Anwendung im allgemeinen keine oder kaum Nebenwirkungen haben.

Für die Selbstbehandlung der Vögel eignen sich allerdings nicht alle Verfahren aus der Palette der Naturheilkunde. Im folgenden sind nur die Methoden beschrieben, die erfolgreich eingesetzt werden können.

Die Homöopathie

»Ähnliches kann durch Ähnliches geheilt werden«. Auf der Grundlage dieser These entwickelte Dr. Samuel Hahnemann (1755–1843) die »Homöopathie« (nach dem griechischen *homoios* – »ähnliches« und *pathos* – »Leiden«) zu einer äußerst effektiven Heilkunst. Sie beruht auf der Erkenntnis, daß ein Mittel (z. B. ein Pflanzengift), das beim gesunden Menschen ein bestimmtes Krankheitsbild hervorruft, in winzig kleiner Dosis verabreicht, einen Kranken mit denselben Symptomen heilt.

Hahnemann sah die »verstimmte Lebenskraft« als Ursache einer Erkrankung, so daß der Patient empfänglich ist für den Erreger oder Auslöser der Krankheit. Das Ziel der Homöopathie ist, die Grundstörung zu beseitigen und die körpereigenen Heilkräfte zu mobilisieren. Sie erreicht es durch genaue Beobachtung der Krankheitserscheinungen (des Krankheitsbildes) und Anwendung des entsprechenden Similes (→ Seite 123).

Die homöopathischen Mittel stammen aus Pflanzen, Mineralien und Tieren. Sie sind auf ihre Wirksamkeit (am gesunden Menschen) geprüft.

Während in der Phytotherapie (Pflanzenheilkunde) die Pflanze als solche angewandt wird, nutzt

Auch die Brutpflege kann bei Vögeln wie diesem Ara mit Naturheilmitteln gefördert werden.

die Homöopathie die Wirkstoffe in potenzierter Form; die Wirkung wird durch Verdünnung gesteigert, d. h. potenziert. Dazu wird 1 Teil der »Urtinktur« zu 9 Teilen Ethanol oder physiologischer Kochsalzlösung gegeben und zehnmal in einer bestimmten Weise kräftig geschüttelt. So erhält man die Potenz D1.

Dann wird 1 Teil der D1 wiederum auf die gleiche Weise mit 9 Teilen Ethanol/Kochsalzlösung vermischt, zehnmal gründlich geschüttelt, das ergibt die Potenz D2. Diese Schritte werden bis zur gewünschten Potenz wiederholt. (Neben den Dezimal-Potenzen gibt es auch C-Potenzen und die weniger gebräuchlichen LM- und Q-Potenzen. Bei den C-Potenzen wird 1 Teil der Urtinktur jeweils auf 100 Teile Ethanol oder physiologische Kochsalzlösung gegeben und in gleichen Schritten weiter potenziert.)

Je höher die Potenz, umso dynamischer und tiefgreifender kann die Wirkung sein. Besonders bei den Hochpotenzen geht man davon aus, daß die Wirkung des Mittels nicht mehr von der Materie selbst ausgeht, sondern von der durch Schütteln zugeführten Energie, zusammen mit der Arzneimittel-Information.

Bei akuten Erkrankungen werden im allgemeinen niedrige und mittlere Potenzen eingesetzt (D3 bis D12), bei chronischen und psychischen Erkrankungen höhere sowie Hochpotenzen. Potenzakkorde (→ Seite 116) verbreitern und vertiefen erfahrungsgemäß den therapeutischen Effekt und ziehen meist keine sogenannte »Erstverschlimmerung« (→ Seite 121) nach sich.

Die homöopathischen Mittel gibt es in flüssiger Form als Tropfen (auf Alkohol-Basis) oder als Ampullen (auf der Basis physiologischer Kochsalzlösung) zum Spritzen und Trinken. Sie können in ähnlicher Weise auch mit Milchzucker zu Globulis und Tabletten verarbeitet werden.

Für die Anwendung am Vogel ist nur die Ampullenform empfehlenswert.

Wichtig: Zwischen der homöopathischen Erstverschlimmerung und der echten Verschlimmerung muß genau unterschieden werden. Bei der Erstverschlimmerung wird nur ein Teil der Krankheitssymptome ausgeprägter. Das übrige Krankheitsbild bessert sich. Die Erstverschlimmerung ist positiv zu beurteilen, denn sie gibt Gewißheit darüber, daß man das richtige Mittel ausgewählt hat.

Bei der echten Verschlimmerung verschlechtern sich dagegen alle Krankheitssymptome mit einer zunehmenden Störung des Allgemeinbefindens. Dann muß sofort eine Änderung der Therapie erfolgen.

Mit Komplexmitteln aus der Homotoxikologie lassen sich Vögel sehr gut behandeln.

Während die Wirkung der Substanzen am gesunden Menschen genau geprüft ist, liegen für die Tiere fast keine Arzneimittelprüfungen vor, für Vögel schon gar nicht. Deshalb versucht man so gut wie möglich die beim Menschen beobachteten Erscheinungen (Arzneimittelbilder) auf die Tiere zu übertragen.

In der »klassischen Homöopathie« wird angestrebt, nur mit einem einzigen Mittel (Einzelmittel) in einer bestimmten Potenz das Krankheitsproblem zu lösen. Es bedarf jedoch sehr großer Kenntnisse, jahrelangen Studiums, genauester Beobachtungen und korrekter Arzneimittelbilder, um erfolgreich behandeln zu können. Bei den Vögeln gibt es besonders große Schwierigkeiten, das richtige Mittel in der richtigen Potenz zu finden, da viele sonst typische (innere) Symptome, Modalitäten und Konstitutionsmerkmale bei diesen Tieren überhaupt nicht zu erkennen und zuzuordnen sind. Deshalb finden Sie im Buch nur selten Einzelmittel angegeben.

Komplexmittel

Leichter und sicherer ist ein Heilungserfolg mit Hilfe von Komplexmitteln zu erreichen. Diese Kombinationspräparate enthalten eine Reihe von homöopathischen Einzelmitteln und haben so ein breiteres Wirkungsspektrum. Hinter jeder Erkrankung verbergen sich komplexe Störungen. Die Komplexmittel fördern umfassend die auf verschiedenen Ebenen und in verschiedenen Organen ablaufenden Abwehrvorgänge des Organismus.

Bei der Auswahl des oder der richtigen Mittel stützt sich der Therapeut nicht nur auf die Leitsymptome aus den Arzneimittelbildern (Simile-Regel), sondern vor allem auch auf die klinische Diagnose. Bei häufig vorkommenden Organerkrankungen haben sich sogenannte »bewährte Indikationen« für bestimmte homöopathische Einzel- oder Komplexmittel herausgestellt. Darunter versteht man die bewährte Anwendung bestimmter Mittel bei häufigen Erkrankungen.

Homotoxikologie (Biologische Therapie)

Aufbauend auf der klassischen Homöopathie begründete 1952 der Arzt Dr. Hans-Heinrich Reckeweg (1905–1985) die Homotoxikologie. Danach sind Krankheiten der Ausdruck der biologisch zweckmäßigen Abwehrmaßnahmen gegen innere und äußere Gifte bzw. Ausdruck erlittener Giftschäden. Der Körper reagiert auf diese Schädigungen (Homotoxine) mit Abwehrmaßnahmen des Systems der großen Abwehr.
Die Homotoxikologie begreift das akute Krankheitsgeschehen insofern als etwas Positives, als es durch die Stimulierung der Abwehrkräfte verhindert, daß sich schwere chronische Erkrankungen festsetzen. Diese Selbstheilungskräfte sollen durch die Behandlung, die antihomotoxische Therapie, angeregt, die Homotoxine neutralisiert und entgiftet werden.

Die antihomotoxische Therapie versteht sich als Erweiterung der klassischen Homöopathie. Zur Therapie werden homöopathisch aufbereitete, sinnvoll zusammengestellte Kombinationspräparate (Spezialpräparate, Homaccorde, Composita), homöopathische Einzelmittel in Einzelpotenzen und als Potenzakkorde (Injeele), homöopathisierte Allopathika zur Behebung von alten Therapieschäden, Katalysatoren zur Besserung der Zellatmung und Nosoden zur Entgiftung bzw. Ausscheidung der Toxine eingesetzt. Dabei hat sich gezeigt, daß antihomotoxische Kombinationspräparate wirksamer sind als die getrennte Anwendung der jeweiligen Einzelbestandteile.
Nach der Lehre der Homotoxikologie bedeutet Gesundheit »Freiheit von Giften und Giftschädigungen«. Da bei den Vögeln sehr viele Erkrankungen durch Giftschädigungen jeder Art verursacht werden, ist diese Lehre sehr gut für eine Therapie geeignet. Sie kann ohne großes Risiko und fast nebenwirkungsfrei eingesetzt werden.

Die Bach-Blütentherapie

Auch der englische Arzt und Homöopath Dr. Edward Bach (1886–1936) sah in der Krankheit eher etwas Positives, denn nach seiner Ansicht stellt eine Krankheit die Harmonie zwischen Körper und Seele wieder her.
Mit Hilfe der von ihm vor rund 70 Jahren entwickelten Bach-Blütentherapie können negative Seelen- und Charakterzustände wieder harmonisiert werden. Eine negative psychische Grundstimmung kann nicht nur beim Menschen eine organische Krankheit auslösen und eine Genesung verhindern, sondern ebenso beim Tier und ganz besonders beim Vogel in menschlicher Gefangenschaft. Die Erfahrung hat gezeigt, daß die Therapie auch auf Tiere zu übertragen ist und vor allem bei psychischen Störungen und Verhaltensstörungen (z. B. Ängste, Aggressivität, Umgewöhnungsprobleme, Federrupfen) und in schwierigen Situationen helfen kann.
Die Bach-Blüten wirken positiv regulierend auf den negativen Seelenzustand und das Allgemeinbefinden. Daraus folgt indirekt eine höhere Widerstandskraft gegen seelisch bedingte körperliche Störungen. Es wäre aber falsch zu hoffen, daß mit der Bach-Blütentherapie organische Krankheitszustände geheilt werden könnten. Sie kann aber begleitend zu anderen Therapien den Heilungsprozeß verkürzen helfen. Auch Schäden, die durch nicht artgerechte Haltung entstanden sind, können die Bach-Blüten nicht kompensieren.

Bei den Bach-Blüten handelt es sich um Aufbereitungen der wäßrigen Auszüge von 37 verschiedenen Blüten wildwachsender Pflanzen und Bäume und der Essenz Rock Water aus einem bestimmten Quellwasser als 38. Substanz. Die in den Pflanzen konzentrierten positiven Schwingungen werden auf Quellwasser übertragen, mit Alkohol konserviert und als Konzentrate in Vorratsflaschen (stockbottles) abgefüllt.

Die Bach-Blütentherapie hilft Papageien besonders bei Verhaltensstörungen und psychischen Problemen.

Das System der 38 Blüten umfaßt nach Dr. Bach alle grundsätzlichen negativen Seelenzustände des menschlichen Charakters und ist in sich geschlossen.

Neben den 38 Essenzen gibt es noch für den Notfall die »Rescue-Tropfen«, eine Kombination von fünf Bach-Blütenkonzentraten (→ Seite 120), die im Zusammenwirken ihrer energetischen Kräfte eine seelische Erste Hilfe sein können.

Die in Apotheken erhältlichen Bach-Blütenkonzentrate sollen vor der Anwendung beim Menschen erst mit stillem Wasser verdünnt werden. Bei den Vögeln haben sich zwei Arten der Verabreichung bewährt:

- Sie geben 1 oder 2 Tropfen des Konzentrats direkt in das Trinkwasser.
- Da einige Vögel sehr wenig oder überhaupt nichts trinken, können Sie die Bach-Blüten auch verdünnt (1 Tropfen auf 1 ml stilles Wasser) auf den Kopf oder die Haut unter den Flügeln tupfen. Das ist für die Rescue-Tropfen meist die beste Anwendungsmethode.

Besuch beim Therapeuten

Der Gang zum Tierarzt sollte nicht erst dann erfolgen, wenn der Vogel bereits sichtlich krank ist. Vielmehr ist der Tierarzt auch für allgemeine Fragen der optimalen Haltung, Ernährung und Gesundheitsvorsorge Ihr Ansprechpartner. Regelmäßig sollten Sie Kotproben auf Parasiten untersuchen lassen (→ Seite 11).
Kennt der Tierarzt Sie und Ihre Vögel, reicht es bei einem Krankheitsfall wahrscheinlich oft, daß Sie sich Rat und Heilmittel holen, um dem Vogel die Strapaze des Transportes zu ersparen.

Vor dem Arztbesuch

- Bringen Sie, wenn möglich, den Vogel in seinem eigenen Käfig (es sei denn, er ist zu groß) zum Tierarzt. Der Käfig sollte vorher nicht gereinigt werden.
- Sind mehrere Vögel im Käfig, aber nur einer ist krank, bringen Sie alle mit. Die anderen Vögel könnten schon infiziert sein.
- Der Käfig sollte nur noch 1 bis 2 Sitzstangen haben, um das Fangen des Patienten zu erleichtern.
- Decken Sie den Käfig ganz ab, um den Streß für den Vogel zu vermindern und Zug zu vermeiden. Der Transport erfolgt so schonend wie möglich.
- Bringen Sie zur Untersuchung neben Proben des gesamten Futters zusätzlich frischen Kot, ausgefallene Federn sowie Spielzeug mit.

Beim Therapeuten

Um der Erkrankung auf den Grund zu gehen, wird der Tierarzt wahrscheinlich vieles von Ihnen wis-

Fragen vor dem Besuch

- ✔ Welches Problem hat der Vogel gegenwärtig? Wie ist es dazu gekommen?
- ✔ Seit wann bestehen die Krankheitsanzeichen?
- ✔ Sind weitere Vögel oder andere Tiere erkrankt?
- ✔ War dieser oder ein anderer Vogel schon einmal krank?
- ✔ Ist in den letzten sechs Monaten ein anderer Vogel dazugekommen?
- ✔ Gab es Kontakt zu anderen Vögeln/Wildvögeln?
- ✔ Wie lange ist der Vogel schon in Ihrem Besitz?
- ✔ Woher kommt er? (Züchter oder Wildfang?)
- ✔ Haben Sie schon Selbstmaßnahmen ergriffen? Welche?
- ✔ Wie verhält sich der Vogel zu Hause?
- ✔ Reagiert er auf die Umgebung?
- ✔ Frißt der Vogel? Wieviel?
- ✔ Haben Sie das Futter umgestellt?
- ✔ Was füttern Sie?
- ✔ Hat sich die Wasseraufnahme verändert?
- ✔ Kann der Vogel sonstige Pflanzen oder Stoffe aufgenommen oder eingeatmet haben?
- ✔ Hat sich die Kotbeschaffenheit geändert? Wie?
- ✔ Wie alt ist das Tier?
- ✔ Geschlecht des Vogels? Brütet er?
- ✔ Ist ein Partner oder eine Bezugsperson weg?
- ✔ Wie wird der Vogel gehalten (Käfig, Voliere, Freiflug – im Haus oder draußen, zusammen mit anderen)?
- ✔ Wo steht der Käfig (Küche, Wohnzimmer, natürliches Sonnenlicht, Schatten, Zugluft)?
- ✔ Wie groß ist der Käfig?
- ✔ Wie ist der Käfig eingerichtet (Art der Stangen, Qualität/Haltbarkeit des Spielzeugs)?

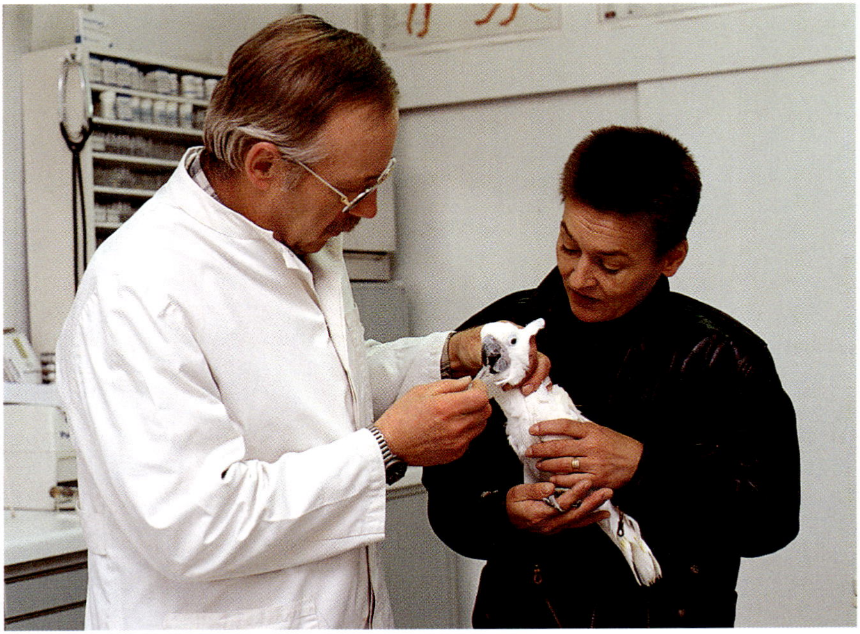

Mit Hilfe einer Plastikspritze werden dem Kakadu einige Tropfen Naturheilmittel eingegeben.

sen wollen. Es kann nicht schaden, wenn Sie sich schon vorher Gedanken und vielleicht sogar Notizen machen (→ Checkliste, Seite 28).
Aufgrund der von Ihnen beantworteten Fragen, der Laboruntersuchung der mitgebrachten Proben sowie einer gründlichen Beobachtung und Untersuchung des Vogels wird der Tierarzt seine Diagnose stellen und den Patienten behandeln. Den Behandlungsplan, den er für zu Hause aufstellt, sollten Sie möglichst genau befolgen.
Möglicherweise bestellt der Tierarzt den gefiederten Patienten nach ein paar Tagen noch einmal zur Kontrolle.

Wie finden Sie einen naturheilkundlich arbeitenden Tierarzt für Vögel?

Ob ein Tierarzt auf Heimvögel spezialisiert ist, geht aus seinem Schild nicht hervor, denn er darf Interessenschwerpunkte nicht veröffentlichen. Doch nach einigen Jahren weiteren Studiums kann er Zusatzbezeichnungen aus dem Bereich der Naturheilkunde führen (z. B. »Homöopathie«).
Informationen über entsprechend ausgebildete und tätige Tierärzte können die einzelnen Tierärztekammern geben.
Sie können auch in der Praxis nachfragen, ob dort gern und häufiger Vögel behandelt werden.

Wichtig: Besonders kleinere und geschwächte Vögel können sich allein dadurch, daß sie zur Untersuchung gefangen, in die Hand genommen und behandelt werden, so aufregen, daß sie an einem Schock sterben. Dieser Unfall ist tragisch, aber kaum zu verhindern und dem Tierarzt nicht anzulasten! Wenn möglich, werden solche Risikopatienten deshalb oft nur im Käfig beobachtet.

Krank-heiten selbst behandeln

Obwohl Sie sich bei der Haltung und Ernährung Ihres gefiederten Freundes alle Mühe gegeben haben, kann es passieren, daß Ihr Vogel krank wird.
Je aufmerksamer Sie Ihren Pflegling beobachten, desto eher werden Sie erkennen, wenn etwas nicht mit ihm stimmt. Und desto größer sind die Chancen, daß Sie anhand der Tabelle auf den nächsten Seiten eine Krankheit schnell erkennen und den Vogel dann mit Hilfe der Beschreibung der Krankheitsbilder selbst heilen können. Manchmal wird es jedoch besser sein, einen Tierarzt aufzusuchen. Wenn dies der Fall ist, werden wir Sie beim entsprechenden Krankheitsbild darauf hinweisen. Bei fast allen Krankheiten können Sie den Heilungsprozeß aber auch dann durch die Gabe von Naturheilmitteln unterstützen.

Symptome	Mögliche Ursachen, bei denen Sie selbst helfen können	Alarmzeichen, wenn diese Symptome hinzukommen
Starkes Hornwachstum an Schnabel und Krallen	a) Schnabeldeformation b) Krallendeformation	a) keine Futteraufnahme, Risse und Spalten, Schnabel wird weich b) kann nicht mehr greifen
Juckreiz an der Nase	Verstopfung der Nasenöffnung	Atemnot, zusätzlich verklebte Auge
Juckreiz am Auge	Reizung des Auges oder der Augenlider	Rötung, Schwellung der Augenlider verklebte Augenränder, Fremdkörpe getrübtes Auge
Juckreiz am Ohr	Ohrenausfluß	Rötungen, Wucherungen, Gleichgewichtsstörungen
Juckreiz am Federkleid	Parasitenbefall, Ekzeme, Pilzbefall	federlose Hautstellen, rötende, aufgekratzte Stellen
Juckreiz an den Füßen	Hyperkeratose (→ Seite 87)	trocken-borkige Auflagerung, Beine schwellen an
Verdickung der Haut	Prellung, Verletzung	stark durchblutet, borkig, Wucherungen, wird bepickt
Federn benagen	a) Federkiele platzen nicht auf b) Langeweile, Einsamkeit	a) Blutungen b) kahle Stellen
Blutungen	Verletzung	a) Störung des Allgemeinbefindens b) anormale Bein- oder Flügelstellur

Mögliche Diagnose	Krankheitsbeschreibung und Behandlung
a) Fehlstellung	Seite 37
Mangelsituation	
Hormonstörung	
Schnabelräude	Seite 67
PBFD sofort zum Tierarzt!	Seite 76
b) PBFD sofort zum Tierarzt!	Seite 76
Schnupfen	Seite 43
Vitamin-A-Mangel	Seite 16
Vergiftung sofort zum Tierarzt!	Seite 99
Pilz	Seite 44
gefährliche Infektion sofort zum Tierarzt!	
Augenentzündung	Seite 41
Vitamin-A-Mangel	Seite 16
Verletzung	Seite 39
Fremdkörper sofort zum Tierarzt!	
schwere Infektionskrankheit sofort zum Tierarzt!	
Räudemilben	Seite 42
Tumor sofort zum Tierarzt!	Seite 79
Erkrankung des Innenohres sofort zum Tierarzt!	
Milben, Haarlinge sofort zum Tierarzt!	Seite 66–70
Pilz	Seite 71
Ekzeme	Seite 70
Mangelerkrankung sofort zum Tierarzt!	
Stoffwechselstörung sofort zum Tierarzt!	
Parasiten sofort zum Tierarzt!	Seite 66–70
Bluterguß	
Xanthomatose sofort zum Tierarzt!	Seite 73
Pocken sofort zum Tierarzt!	Seite 74
Federbalgzyste sofort zum Tierarzt!	Seite 69
Tumor sofort zum Tierarzt!	Seite 79
a) Federwachstumsstörung	a) Seite 69
b) Federrupfer	b) Seite 91
a) Anämie sofort zum Tierarzt!	
b) offene Fraktur	Seite 82, 83

Symptome	Mögliche Ursachen, bei denen Sie selbst helfen können	Alarmzeichen, wenn diese Symptome hinzukommen
Bewegungs-störungen	Verletzung am Fuß, Flügel	a) Störung des Allgemeinbefindens b) anormale Bein- oder Flügelstellu
Atemnot	Schnupfen	aufgesperrter Schnabel, jappt nach Luft, streckt den Hals, angestrengte Atmen, sitzt aufgeplustert
frißt nicht	ungeeignetes Futter, Futter schmeckt nicht	Störung des Allgemeinbefindens, Erbrechen, Durchfall
trinkt nicht	Tränke entspricht nicht dem Geschmack, ist verunreinigt	sitzt aufgeplustert, Durchfall
Erbrechen	fehlgeleiteter Fütterungstrieb, verdorbenes Futter; Infektionskrankheit	sitzt aufgeplustert, apathisch, Durc
Durchfall	verdorbenes Futter	Störung des Allgemeinbefindens, Vo trinkt nicht, Durchfall dauert länger als einen Tag
vermehrter Harnabsatz	–	a) Störung des Allgemeinbefindens b) Harn wird überhaupt nicht mehr ausgeschieden
Pressen, Unruhe	erstmaliges Eierlegen	a) Legenot, Ei kann nicht abgelegt werden b) Anschwellung des Leibes, Störun des Allgemeinbefindens, Atemno

Mögliche Diagnose	Krankheitsbeschreibung und Behandlung
a) Mangel an Vitamin B und E sofort zum Tierarzt!	Seite 16
Rachitis sofort zum Tierarzt!	Seite 85
Gelenkentzündung	Seite 84
Gicht	Seite 59
Fußballengeschwür sofort zum Tierarzt!	Seite 86
b) Distorsion, Luxation, Fraktur sofort zum Tierarzt!	Seite 82, 83
Infektionen sofort zum Tierarzt!	
Vergiftung; Tumor sofort zum Tierarzt!	Seite 79 und 99
Nerven- oder Gehirnschäden sofort zum Tierarzt!	
a) gefährliche Infektion mit Viren, Bakterien, Pilzen sofort zum Tierarzt!	hintere Umschlagseite
b) Luftsackentzündung sofort zum Tierarzt!	Seite 46
c) Fremdkörper sofort zum Tierarzt!	
d) Luftröhrenwürmer sofort zum Tierarzt!	Seite 46
e) Jodmangel sofort zum Tierarzt!	Seite 46
f) Herzerkrankung sofort zum Tierarzt!	Seite 47
g) Blutmangel sofort zum Tierarzt!	
a) Leberschädigung sofort zum Tierarzt!	a) Seite 55
b) Magen-Darmschädigung durch verdorbenes Futter sofort zum Tierarzt!	b) Seite 53
c) Entzündung von Rachen und Kropf	c) Seite 49, 51
d) Entzündung von Magen-Darm, Leber, Nieren sofort zum Tierarzt!	d) Seite 53, 55, 57
e) Fremdkörper sofort zum Tierarzt!	
f) Kropfverstopfung	f) Seite 51
a) Entzündung von Rachen und Kropf	a) Seite 49, 51
b) Magen-Darmentzündung sofort zum Tierarzt!	b) Seite 53
a) fehlender Partner	
b) Schleimhautreizung im Kropf	b) Seite 51
c) Entzündung von Magen, Darm oder Leber sofort zum Tierarzt!	c) Seite 53, 55
a) Entzündung von Magen, Darm, Leber oder Niere sofort zum Tierarzt!	a) Seite 53, 55, 57
b) Endoparasiten	b) Seite 53
c) Infektionskrankheit sofort zum Tierarzt!	
a) Nierenentzündung, Polyurie sofort zum Tierarzt!	a) Seite 57, 107
b) Niereninsuffizienz sofort zum Tierarzt!	b) Seite 58
a) schwere Legenot, Schockgefahr sofort zum Tierarzt!	a) Seite 100
b) Eileiterentzündung	b) Seite 62
c) Geschwülste sofort zum Tierarzt!	c) Seite 62

Erkrankungen an Kopf- und Sinnesorganen

Viele schwere Erkrankungen des Vogelorganismus zeigen sich am Kopfgefieder, am Schnabel oder an den Sinnesorganen Augen, Nase und Ohren. Deshalb sollte der genauen Untersuchung des Kopfbereiches viel Zeit gewidmet werden.

Die Augen haben für den Vogel eine größere Bedeutung als bei den meisten anderen Wirbeltieren. Schon im Schädelskelett fallen die großen Augenhöhlen auf. Bei vielen Vogelarten ist das Gewicht beider Augen höher als das des Gehirns.

Der Augapfel setzt sich im wesentlichen aus Hornhaut, vorderer Augenkammer, Linse, Glaskörper, Aderhaut, Netzhaut und dem Sehnerv zusammen. Die Iris ist bei den meisten Vogelarten braun bis schwarz, bei einigen jedoch lebhaft gefärbt. Bei Graupapageien verändert sich die Färbung der Iris nach dem 6. Lebensmonat von Blau nach Gelb.

Der Augapfel wird vom Ober- und Unterlid und dem dritten Augenlid (Nickhaut) geschützt. Das untere Augenlid ist größer und beweglicher als das obere. Die »Augenwimpern« werden von Reihen kleiner Borstenfedern gebildet. Die Augenlider werden durch Muskeln bewegt und verteilen das Sekret von Drüsen über die Hornhaut. Das Sehvermögen der meisten Vögel ist nicht beeinträchtigt, wenn die Nickhaut über das Auge gezogen ist. Möglicherweise dient sie dem Schutz des Auges beim Fliegen und Tauchen.

Die Ohren sitzen seitlich am Kopf. Sie sind äußerlich nicht erkennbar. Der Gehörgang ist durch steife Federchen abgeschirmt. Diese Federn verringern den Luftwiderstand durch Turbulenzen beim Flug, vermindern Windgeräusche und verhindern das Eindringen von Schmutz und Fremdkörpern. Im Ohr befinden sich das eigentliche Gehörorgan und das Gleichgewichtsorgan. Die Hörfähigkeit ist bei nachtaktiven Vogelarten am besten ausgebildet.

Der Schnabel besteht aus dem knöchernen Kern, der von einer verhornten Schnabelscheide (Keratin) umgeben ist. Das Horn wächst ständig nach und gleicht damit die Abnutzung aus. Bei vielen Vögeln sind Ober- und Unterschnabel gegenüber dem Gehirnschädel beweglich. Verletzungen, Ausrenkungen oder Verlust einer Schnabelhälfte sind nicht ungewöhnlich.

Die Nasenlöcher weisen erhebliche artspezifische Unterschiede auf. Bei einigen Vogelarten, wie den Papageien, sind die Naseneingänge von einer Wachshaut umgeben. Nach innen schließt sich die Nasenhöhle mit den Nasenmuscheln und der Riechschleimhaut an. Die Nasenhöhle spielt eine bedeutende Rolle, um den Wasserhaushalt des Vogels im Gleichgewicht zu halten. Sie ist eine Art »Wärmeaustauscher«. Große Mengen Luftfeuchtigkeit und Wärme, die normalerweise beim Ausatmen verloren gehen, können Vögel zurückgewinnen. Wenn ein kranker Vogel wegen Medikamentenzusätzen sein Trinkwasser nicht mag, kann er es lange verweigern.

Die Zunge ist bei einigen Vogelarten wie den Kolibris sehr lang und vorstreckbar, bei anderen, z. B. Körnerfressern, dick und kurz. Vögel schmecken über Geschmacksknospen im hinteren Teil der Zunge und des Rachens. Geruchs- und Geschmackssinn spielen bei Vögeln gegenüber dem Sehen und Hören allerdings eine weniger bedeutende Rolle.

Veränderungen am Schnabel

Der Schnabel dient dem Vogel zur Futteraufnahme und -zerkleinerung, zur Pflege, zur Aufzucht der Jungen und bei Papageien auch als Kletterhilfe.

Krankheitsbild

A) Der Schnabel ist deformiert. Bei älteren Vögeln beginnt plötzlich der Oberschnabel sehr stark zu wachsen. Oft verändert er zudem die Hornfärbung und wird brüchig. Wenn auch die untere Schnabelhälfte wächst, entstehen Gebilde ähnlich denen eines Kreuzschnabels.
Meist verlängert sich nur die feine Schnabelspitze. Betroffen sind in der Mehrzahl männliche Tiere.
Im Bereich des Schnabelwinkels treten manchmal vermehrt Hornhautbildung oder Geschwülste auf.
B) Der Vogel hat sich am Schnabel verletzt. Die Risse und Spalten im Schnabel können so tief sein, daß es zu gefährlichen Blutungen kommt. Manchmal ist eine Schnabelhälfte weggerissen.
C) Das Horn des Schnabels ist so spröde, daß häufig Schnabelteile abbrechen. Wenn man nichts unternimmt, kann dieser Prozeß so weit fortschreiten, daß der Schnabel bis zum Ansatz abbricht und sich vollständig ablöst.
D) Der Vogel weist plötzlich eine Fehlstellung des Oberschnabels auf. Er verweigert die Futteraufnahme. Außerdem kann er mit dem Schnabel nicht mehr greifen.

Ursachen

A) In vielen Fällen wächst das Keratin schneller, als es der Vogel abnutzen kann; dies hat zur Folge, daß der Schnabel immer länger wird. Die Ursache hierfür konnte bis heute noch nicht eindeutig geklärt werden. Auch Tiere, die den Schnabel kräftig wetzen, sind befallen.
Diskutiert werden u. a. hormonelle Einflüsse. Ein Mangel an Vitaminen, Mineralstoffen und Aminosäuren mag bei Großpapageien eine Rolle spielen. Häufig ist allerdings auch eine Fehlstellung des Schnabels der Grund dafür, daß die Abnutzung zu gering ist.
Ist die Haut um den Schnabel verändert, sind Räudemilben oder Pilze die Ursache (→ Seite 41).
Wenn der Schnabel weich wird und sich verformt, kann das Federverlustsyndrom der Auslöser sein (→ Seite 76).
B) Ursache ist häufig, daß der Vogel gegen eine Scheibe geflogen ist oder einen anderen Unfall erlitten hat. Auch Beißereien sowie das unvorsichtige Kürzen von verlängerten Schnabelhälften können solche Verletzungen zur Folge haben.
C) Pilze und Parasiten, Mangelzustände oder Verletzungen mit nachfolgender Infektion können das Horn spröde werden lassen.
D) Bei Papageien ist der Oberschnabel nicht fest, sondern durch ein Gelenk beweglich mit dem Kopf verbunden. Deshalb kann er – durch entsprechende Krafteinwirkung – verrenkt oder ausgerenkt werden. Auch der Unterschnabel hat eine gelenkähnliche Aufhängung.

Selbstmaßnahmen

A) Da der Schnabel schnell wächst, muß er regelmäßig gekürzt werden (bei manchen Wellensittichen alle 4 Wochen), sonst können die Tiere nicht mehr richtig fressen, sich nicht pflegen und sich Verletzungen zufügen.
Das Kürzen lassen Sie sich das erste Mal am besten vom Tierarzt zeigen. Mit einer hochtourigen Feinbohrmaschine (gibt es z. B. für Modellbauer oder zur Maniküre) ist ein gutes Modellieren des Schnabels möglich. Auch andere Deformationen können damit gut geglättet werden. Geringgradige Schnabelkorrekturen können Sie auch mit einer Feile durchführen.

Wichtig: Die Arbeit am Schnabel muß sehr vorsichtig ausgeführt werden, damit die empfindlichen Nerven und Blutgefäße nicht verletzt werden. Nicht zu empfehlen ist das Kürzen mit einer Zange, da der Schnabel splittern kann.

Hornhautzubildungen im Bereich der Schnabelwinkel werden vorsichtig mit Jodglycerin 1:5 gelöst und entfernt. Die Behandlung wird über mehrere Tage fortgesetzt.
B) Blutungen werden mit Eisenchlorid gestillt. Bis zur Abheilung erhält der Vogel Weichfutter (→ Seite 115) und zusätzliche Vitamingaben.
C) Wenn bei sprödem Horn Schnabelteile abgebrochen sind, wird der Schnabel sorgfältig mit der Feinbohrmaschine beschliffen und geglättet. Abgeschilferte Schuppen entfernen Sie vorsichtig. Den Schnabel und auch den Ansatz bestreichen Sie täglich mit Jodglycerin 1:5.
Achten Sie darauf, daß der Vogel ausreichend Frischkost, Vitamine und Mineralien erhält.

Wichtig: D) Versuchen Sie keinesfalls, den verrenkten oder ausgerenkten Schnabelteil selbst wieder in die normale Lage zu bringen.

● **Naturheilmittel**

A) Bei anormalem Längenwachstum des Schnabels bewirkt ein Gemisch aus Graphites-Homaccord und Hormeel oft eine Verzögerung oder Besserung. Geben Sie dem Vogel täglich 2 Tropfen.
Die Entfernung der Hornzubildung an den Schnabelwinkeln unterstützen Sie, wenn Sie 2mal täglich 2 Tropfen einer Mischung aus Traumeel, Cutis compositum und Carduus compositum zu gleichen Teilen verabreichen.
B) Die sofortige Verabreichung von 1 bis 5 Tropfen Traumeel zeigt eine gute Wirkung.
C) Mischen Sie Natrium-Homaccord, Graphites-Homaccord und Psorinoheel zu gleichen Teilen und geben Sie davon täglich 2 Tropfen.

Wann zum Therapeuten?

Bei einem verrenkten oder ausgerenkten Schnabelteil sollten Sie sofort zum Tierarzt gehen! Das gleiche gilt für starke Risse und Spalten und wenn größere Schnabelteile abgerissen oder gebrochen sind.
Auch Geschwulstbildungen am Schnabel sollten Sie unbedingt dem Tierarzt vorstellen. Es kann sich um bösartige Tumoren handeln.

Welche Therapiemaßnahmen beim Therapeuten?

Der Tierarzt wird versuchen, den Schnabel wieder in seine normale Lage zu bringen.
Bei schweren Rissen und Spalten oder einem Bruch des Schnabels wird er (unter Narkose) versuchen, mit nicht rostendem dünnem Draht die Teile zusammenzufügen. Mit Kunststoffpasten können eventuell fehlende Teile vorübergehend ersetzt oder Prothesen gebaut werden.
Sind Ober- und Unterschnabel gleichzeitig abgerissen, wird der Tierarzt den Vogel wahrscheinlich schmerzlos einschläfern, um ihm den Hungertod zu ersparen.

Vor- und Nachsorge

Kürzen Sie größere Schnabelverlängerungen nur dann selbst, wenn Sie über die entsprechende Feinbohrmaschine verfügen und gut damit umgehen können.
Bieten Sie Ihrem Vogel regelmäßig frische Zweige von Holundersträuchern, Apfelbäumen, Weiden oder anderen ungiftigen Bäumen an. Sie fördern damit die natürliche Abnutzung des Schnabels.
Sorgen Sie auch dafür, daß Ihr Pflegling regelmäßig genügend Vitamine, Mineralstoffe und Aminosäuren über Futter oder Trinkwasser erhält.
Versuchen Sie Situationen zu vermeiden, bei denen der Vogel sich verletzen kann, wie ein Aufprall an Spiegeln oder Fensterscheiben.

Rasse-Dispositionen

Wellensittiche zeigen relativ häufig Schnabeldeformationen und insbesondere das auffallende Wachsen des Oberschnabels.
Bei Kakadus verlängern sich manchmal beide Schnabelhälften.
Da bei den Papageien – im Gegensatz zu den Körner- und Weichfressern – der Schnabel gelenkig mit dem Schädelknochen verbunden ist, kommen bei dieser Vogelgruppe Verrenkungen (Luxationen) und Verstauchungen (Distorsionen) des Schnabels vor.
Auch bei Kanarienvögeln und anderen Körnerfressern sind Mißbildungen des Schnabels (wie gekreuzte Schnäbel) bekannt. Bei diesen Arten wächst manchmal der Unterschnabel auffallend in die Länge.

Augenveränderungen

Vögel benötigen ihre Augen mehr als die meisten anderen Tiere zu ihrer Orientierung. Deshalb ist es sehr wichtig, auch bereits kleine Krankheitsanzeichen zu beachten und lieber frühzeitig den Tierarzt aufzusuchen.

Wichtig: Die häufigsten Augenerkrankungen treten als Begleiterscheinungen anderer Erkrankungen auf, wie Infektionen, Mangelsituationen und Verletzungen.

Krankheitsbild

A) Manchmal bilden sich unterhalb des Auges, am unteren Augenlid, Abszesse. Die Haut wölbt sich deutlich vor. Ein gelblicher Inhalt schimmert durch. Der Vogel ist dabei munter.
B) Die Hornhaut, Tränendrüsen, Tränennasengänge und Bindehäute trocknen aus. Dadurch droht die Gefahr einer erheblichen Hornhautschädigung.
C) Das dritte (innere) Augenlid (die sog. Nickhaut) ist vorgefallen. Es ist geschwollen und gerötet. Das Auge tränt, der Vogel versucht, daran zu kratzen und zu reiben.
D) Die Hornhaut ist trübe oder die Iris verfärbt, an den Pupillen sind Veränderungen zu erkennen, die Linsen sind getrübt.
E) An den Augenlidern treten Wucherungen auf.
F) Der Vogel ist plötzlich blind. Er bewegt sich im Käfig unsicher, findet sein Futter nicht mehr, prallt im Freiflug gegen Wände und Hindernisse.

Ursachen

A) Die Ursache, die zur Abszeßbildung führt, ist unbekannt.
B) Das Austrocknen kann die Folge eines erheblichen Vitamin-A-Mangels sein.
C) Der Vorfall des dritten Augenlides ist meist durch einen Fremdkörper bedingt.
D) Oft entstehen diese Symptome nach Infektionen oder Verletzungen.
E) Der Auslöser der Wucherungen und Geschwulstbildungen ist nicht geklärt.
F) Die plötzliche Blindheit tritt ohne äußerlich erkennbare Ursachen auf. Sie beruht auf Tumoren im Gehirn, wodurch die Sehnerven geschädigt werden. Die Erkrankung ist nicht heilbar.

Selbstmaßnahmen

A) Bestreichen Sie den Abszeß mit Traumeel-Salbe. Bringen Sie dabei keine Salbe ins Auge – sie brennt anfangs.
B) Geben Sie über 2 Wochen erhöhte Gaben eines guten Multivitaminpräparates mit hohem Vitamin-A-Gehalt.
C) Versuchen Sie, den Fremdkörper vorsichtig zu entfernen.
In den Fällen D), E) und F) sind Selbstmaßnahmen nicht anzuraten.

Naturheilmittel

C) Nach Entfernen des Fremdkörpers tröpfeln Sie 3mal täglich 1 Tropfen einer Mischung aus Traumeel und Belladonna-Homaccord ins Auge.

Unterstützend können Sie bei allen Krankheitsbildern täglich 2 Tropfen Arsenicum album-Injeel eingeben.

Wann zum Therapeuten?

In den Fällen A), B), D), E) und F) sollten Sie unbedingt den Tierarzt zu Rate ziehen.
Auch im Fall C) sind Sie zur Fremdkörperentfernung meist auf fachkundige Hilfe angewiesen.

Vor- und Nachsorge

Eine ausreichend hohe Vitamin-Versorgung, vor allem Vitamin A, hilft Infektionen und die Gefahr des Austrocknens zu vermeiden.

Rasse-Dispositionen

Wellensittiche scheinen mehr als andere Arten von Abszessen, Geschwulstbildungen und plötzlicher Blindheit betroffen zu sein.
Bei einheimischen Finkenvögeln und Kanarienvögeln sind Linsentrübungen mit der Folge langsamer Erblindung eine häufige Begleiterscheinung des Alterns. Sie können sich jedoch in ihrer vertrauten Umgebung weiter zurechtfinden.

Glaskörperblutungen

Nach einem Unfall weisen mehr als ein Drittel der verunglückten Vögel massive Glaskörperblutungen auf.

Krankheitsbild

Glaskörperblutungen sind äußerlich (mit dem bloßen Auge) nicht sichtbar. Die Blutungen können sogar so massiv werden, daß der Vogel verblutet.

Wichtig: Nach einem schweren Trauma, etwa einem Aufprall gegen eine Spiegel- oder Fensterscheibe, muß immer mit einer Glaskörperblutung gerechnet werden, besonders wenn der Vogel benommen ist!

Ursachen

Im Augeninneren ist durch ein Trauma ein Blutgefäß geplatzt.

Selbstmaßnahmen

Naturheilmittel

Träufeln Sie sofort 1 Tropfen Traumeel in das Auge, ohne es selbst zu berühren.
Geben Sie außerdem in den Schnabel 2 Tropfen Traumeel ein. Wiederholen Sie sowohl das Betropfen als auch die orale Eingabe anfangs etwa alle 30 Minuten, an den folgenden beiden Tagen noch 2mal täglich.

Bach-Blüten

Geben Sie zusätzlich gegen den Schock 1 bis 2 Tropfen Rescue ins tägliche Trinkwasser.

Wann zum Therapeuten?

Sobald Sie den Vogel mit Traumeel als Erster Hilfe versorgt haben, sollten Sie ihn einem Tierarzt vorstellen.

Vor- und Nachsorge

Verhindern Sie, daß sich die Vögel während des Freiflugs verletzen können.

Bindehaut- und Lidentzündungen

Entzündungen an den Augen sind bei Vögeln fast immer ein Zeichen schwerer Erkrankung.

Krankheitsbild

Die Augenlider und die Bindehaut sind gerötet und geschwollen, der Lidspalt ist oft geschlossen. Der Vogel kratzt sich mit den Zehen an den Augen. Manchmal versucht er durch Reiben der Augen an den Stangen den Juckreiz zu beseitigen. Die Lidränder sind stark verschmiert, die Federn um die Augen verklebt.

Ursachen

Häufig treten Entzündungen an den Augen als Begleiterscheinung schwerer Infektionskrankheiten wie Salmonellose, Mykoplasmose, Newcastle-Disease, Marek, Mykosen, Panophthalmie, Pacheco, Pocken, Ornithose/Psittakose etc. sowie Bakterieninfektionen mit Pasteurella multocida oder Pseudomonas auf.
Zugluft, Verletzungen, chemische Reizungen oder Fremdkörper sind bei Vögeln nur relativ selten die Ursache der Lid- und Bindehautentzündung.

Wichtig: Beim geringsten Verdacht auf Ornithose oder Psittakose muß der Vogel unbedingt sofort dem Tierarzt vorgestellt werden. Es besteht erhebliche Ansteckungsgefahr für den Menschen (→ hintere Umschlagseite).

Selbstmaßnahmen

Da Augenentzündungen bei Vögeln fast immer auf eine schwerwiegende Erkrankung hinweisen, sollten Sie sofort mit Ihrem Tier zum Tierarzt gehen. Alle angegebenen Selbstmaßnahmen dienen der Unterstützung.

● **Naturheilmittel**
Tröpfeln Sie zusätzlich zur Therapie des Arztes 1mal täglich 1 bis 2 Tropfen Aconitum-Injeel in die Augen und geben Sie in den Schnabel 2 Tropfen Arsenicum album-Injeel ein.

Wann zum Therapeuten?

Bei Entzündungen der Augenlider und Bindehäute, bei Verklebungen rund ums Auge sollte der Tierarzt immer aufgesucht werden.

Vor- und Nachsorge

Optimale Haltungsbedingungen (→ Seite 12) und ausreichende Versorgung mit Vitaminen, besonders Vitamin A, können schwerwiegende Erkrankungen, die mit Augenentzündung einhergehen, vermeiden helfen.

Räude- und Pilzinfektionen

Krankheitsbild

Die Augen werden von grauen, bröckeligen Belägen so überwuchert, daß sie kaum mehr geöffnet werden können. Auch die Umgebung des Auges ist immer stark mitbetroffen.

Ursachen

Veränderungen am Auge werden bei Vögeln häufig durch Räudemilben oder Pilze hervorgerufen. Diese Parasiten können sich ausbreiten, wenn die Haut gereizt ist und das Tier in seiner Abwehr geschwächt ist.

Selbstmaßnahmen

Die Haut rund ums Auge wird vorsichtig 1mal am Tag mit Hilfe eines Wattestäbchens mit Jodglycerin 1:5 bestrichen.
Diese Behandlung sollten Sie solange fortsetzen, bis die Veränderungen verschwunden sind.

Wichtig: Die Lösung darf nicht in das Auge selbst gelangen!

● **Naturheilmittel**
Positiv wirkt sich auch das Beträufeln des Auges 3mal täglich mit Traumeel aus. Außerdem geben Sie 1mal täglich 2 bis 5 Tropfen eines Gemisches aus Cutis compositum, Carduus compositum und Coenzyme compositum oral ein. Dies aktiviert die Stoffwechselvorgänge und verkürzt die Krankheitsdauer.

Wann zum Therapeuten?

Wenn nach einer Woche noch keine deutliche Besserung eingetreten ist, sollten Sie den Tierarzt aufsuchen.

Vor- und Nachsorge

Sorgen Sie für optimale Haltungsbedingungen (→ Seite 12) und eine artgerechte, vielseitige Ernährung mit Vitaminzusätzen (→ Seite 16).

Ohrenerkrankungen

Glücklicherweise treten am Ohr selten Erkrankungen auf. Wenn doch, so sind die Ohren nicht leicht zu untersuchen.
Ein Hinweis auf eine Erkrankung am Ohr kann das Schiefhalten des Kopfes sein.

Krankheitsbild

A) Der Gehörgang ist freigelegt. Daraus kann sich ein schmieriges Sekret entleeren.
B) Polypenartige Wucherungen wachsen aus dem Gehörgang.
C) Der Vogel zeigt Gleichgewichtsstörungen, er kann sogar von der Stange fallen.

Ursachen

A) Meist verursachen Räudemilben diese Entzündung.
B) Die Ursache ist unbekannt.
C) Bei Gleichgewichtsstörungen besteht Verdacht auf eine Erkrankung des Innenohres.

Selbstmaßnahmen

A) Ein mehrmaliges vorsichtiges Spülen mit Traumeel durch Einträufeln ist meist erfolgreich. Zusätzlich kann mit Exner Petguard gespült und das äußere Ohr damit benetzt werden.
C) Heilende Wirkung zeigt manchmal eine Spülung des Gehörganges mit unverdünnter Arnica-Tinktur.

● **Naturheilmittel**
In den Fällen A) und C) kann Traumeel, über 1 Woche täglich 2 Tropfen in den Schnabel gegeben, die Behandlung fördern.
Im Fall B) können Sie die notwendigen chirurgischen Maßnahmen durch die Verabreichung von 3mal wöchentlich 2 Tropfen einer Mischung aus Galium-Heel und Glyoxal compositum unterstützen. Nach 8 Tagen geben Sie diese Tropfen noch 1mal wöchentlich für weitere 3 Wochen.

Wann zum Therapeuten?

Die Wucherungen im Fall B) müssen von einem Tierarzt chirurgisch entfernt werden.

Erkrankungen der Atmungs- und Kreislauforgane

Heimvögel erkranken leider sehr häufig an den Atemwegen. Dabei ist zwischen Erkrankungen der oberen und unteren Luftwege zu unterscheiden.
Die Atmungsorgane sind bei den Vögeln anders aufgebaut als bei den Säugetieren. Die Luft gelangt durch die Nasenöffnungen über die Nase zum oberen Kehlkopf (Larynx) und von dort über die Luftröhre zum unteren Kehlkopf (Syrinx, dem Stimmorgan der Vögel). Bei männlichen Vögeln ist die Luftröhre häufig erheblich verlängert und in Kurven gelegt.
Die Luft strömt durch die Luftröhre weiter über die beiden Haupt- und Sekundärbronchien sowie ein verzweigtes System sog. Parabronchien und Luftpfeifen in die Luftsäcke. Die meisten Vögel haben drei bis vier paarig und ein bis zwei unpaarig angelegte Luftsäcke. Fast alle Luftsäcke sind mit der Lunge direkt verbunden. Die Lungen liegen an Wirbelsäule und Rippen an.
Das Atmen erfolgt in Verbindung mit den Luftsäcken durch Heben und Senken des Brustbeins. Die Luftsäcke dienen als Blasebalg, Luftreservoir (in einigen ist nur verbrauchte, in anderen frische Luft) und Gleichgewichtsorgan. Die Luftsäcke erstrecken sich bis in viele Knochen. Man spricht deshalb von »pneumatisierten Knochen«. Durch das Füllen der Luftsäcke mit Luft verringert der Vogel sein spezifisches Gewicht. (Die Lungen selbst sind erheblich kleiner als bei gleichgroßen Säugetieren, aber etwa zehnmal effektiver.) Der Gasaustausch findet nicht in den Luftsäcken statt, sondern an den Wänden von Luftkapillaren, die sich den Parabronchien anschließen.

Kleine Vögel atmen in Ruhe pro Minute bis zu 100mal, große dagegen nur etwa 20- bis 30mal ein und aus. Bis zu 130 Liter Sauerstoff werden bei einem Vogel pro Stunde in seinen Lungen ausgetauscht.

An diesem komplizierten und hoch effektiven Atmungssystem können eine Menge krankhafter Veränderungen auftreten.

Verschluß der Nasenlöcher

Krankheitsbild

A) Ausgehend von der Nasenwachshaut entstehen bräunliche Hornwucherungen, die so groß werden können, daß sie über die Nasenlöcher wachsen und die Atmung behindern.
B) Grauweiße Wucherungen überdecken die Nasenlöcher und drohen sie zu verstopfen.
C) Die Nasenöffnungen sind durch Sekrete und Keratin (→ Seite 122) verklebt. Manchmal werden die Ausscheidungen so hart, daß sie die Nasenlöcher vollständig verstopfen; weitere Ausscheidungen können nicht mehr abfließen.
Um die Sekrete loszuwerden, schütteln manche Vögel den Kopf, reiben die Nase ständig an den Käfigstangen oder bohren mit den Zehennägeln in den Nasenöffnungen.
Im fortgeschrittenen Stadium sind oft die Augen mitbetroffen. Manchmal treten auch vor bzw. un-

terhalb der Augen deutliche Schwellungen auf (Entzündung der Nasennebenhöhlen).
Ist die Nase durch feuchte Sekrete verstopft (Rhinitis), so ist ein brodelndes Atemgeräusch zu hören. Bei einer Verlegung durch trockene, harte Massen gibt es bei jedem Atemzug knackende oder pfeifende Geräusche. Schreitet der Prozeß fort, kann es zum Gewebezerfall kommen.

Weitere Symptome können sein: Die Vögel plustern sich auf, sitzen apathisch auf Stangen oder Boden, mögen nicht fressen, einige niesen, atmen durch den geöffneten Schnabel, zeigen im fortgeschrittenen Stadium Atemnot und haben manchmal auch Durchfall.

Ursachen

A) Als Auslöser dieser Hornwucherungen werden Störungen des Sexualhormon-Haushaltes oder Vitamin-A-Mangel diskutiert.
B) Ein Befall mit Räudemilben kann zu diesen erheblichen Zubildungen führen.
C) Die Ursachen können mannigfach sein. Sie reichen von vergleichsweise harmlosen Erkältungen infolge von Zugluft oder extremen Temperaturwechseln über chronischen Schnupfen und Vitamin-A-Mangel, Reizungen der Atemwege durch Fremdkörper oder ätzende bzw. giftige Dämpfe, Pilz- und Hefeinfektionen, Parasiten bis hin zu gefährlichen bakteriellen, viralen und anderen Infektionen einschließlich der Ornithose/Psittakose, Newcastle-Disease und Pocken.

Selbstmaßnahmen

A) und B) Die Hornschichten werden vorsichtig mit einem stumpfen Instrument abgetragen. Gut eignen sich z.B. Instrumente aus der Maniküre, wie man sie zum Zurückschieben der Nagelhaut benutzt. Anschließend werden die Stellen und ihre Umgebung 1 Woche lang (Fall A) bzw. 2 Wochen lang (Fall B) täglich mit Jodglycerin 1:5 nachbehandelt.
Im Fall B) kann die Prozedur anschließend zur Vorbeugung noch einige Zeit 1mal wöchentlich wiederholt werden.
C) Versuchen Sie, die Verklebungen und Verstopfungen der Nasenlöcher mit physiologischer Kochsalzlösung zu lösen und dann vorsichtig zu entfernen. Das Spülen der Nasenöffnungen (→ Seite 110) mit physiologischer Kochsalzlösung wird von den Patienten meist dankbar angenommen. Ein Tropfen auf jedes Nasenloch reicht bei kleineren Vögeln völlig aus.
Bewährt hat sich auch das Einsprühen mit Euphorbium compositum Nasentropfen. Der Dosiersprühkopf wird dabei eng an das jeweilige Nasenloch gehalten. Bei ganz kleinen Vögeln kann auch ohne Schaden der gesamte Schnabel mit Augen eingesprüht werden.
Die Therapie wird solange fortgesetzt, bis die Nase völlig frei ist.

Wichtig: Wenn sich harte Massen im Naseninneren auch nach mehreren Tagen Spülen nicht lösen, müssen sie vom Tierarzt operativ entfernt werden. Da hier starke Blutungen auftreten können, ist dringend davon abzuraten, dies selbst zu versuchen. Das gleiche gilt für die Entfernung von Fremdkörpern aus dem Naseninneren.

Die Verklebungen und Verstopfungen der Nasenlöcher sind meist ein Zeichen von Erkältungskrankheiten. (Diese können allerdings in leichteren Fällen auch anfangs ohne Verklebungen und mit nur leichtem klarem Nasenausfluß einhergehen.)
Bringen Sie den Patienten in einen warmen zugfreien Raum. Sorgen Sie eventuell für weitere Wärmequellen. Geben Sie zusätzlich ein Vitaminpräparat mit sehr hohem Vitamin-A-Anteil.

Sie können Ihren Vogel auch mit Kamillensud inhalieren lassen. Zur Durchführung → Seite 113.

Naturheilmittel

A) Geben Sie Ihrem Vogel 2mal wöchentlich je 1 Tropfen Graphites-Homaccord und Cutis compositum in den Schnabel. Setzen Sie diese Therapie 3 Wochen lang fort.

B) Die tägliche Gabe von 3 Tropfen eines Gemisches aus Natrium-Homaccord, Graphites-Homaccord und Psorinoheel zu gleichen Teilen gibt gute Heilungschancen.

C) Geben Sie dem kranken Vogel 2mal täglich in den Schnabel je 1 Tropfen Euphorbium compositum, Echinacea compositum und Mucosa nasalis suis über 3 Tage.

Schreitet die Krankheit trotzdem weiter fort, was sich anzeigt durch beschleunigtes Atmen, Kopfschütteln, pfeifendes oder rasselndes Atemgeräusch und leicht geöffneten Schnabel, Nahrungsverweigerung und Apathie, muß schnell etwas unternommen werden. Auch die unteren Luftwege können schon mitbetroffen sein.

Schaffen Sie schnell mehr Wärme und zugleich hohe Luftfeuchtigkeit bei absolut zugfreiem und ruhigem Standort. Geben Sie 3mal täglich je 1 Tropfen Echinacea compositum und Euphorbium compositum oral. Zusätzlich können Sie Euphorbium Nasenspray anwenden.

Sollte sich nach 12 Stunden der Zustand nicht bessern, ist der Tierarzt gefragt.

Wann zum Therapeuten?

Immer, wenn sich das Krankheitsbild wie oben beschrieben nicht schnell bessert, sollten Sie rasch den Tierarzt aufsuchen. Das gilt sowohl für nicht lösbare Verlegungen der Nasenöffnungen, Schwellungen unterhalb des Auges, die trotz Ihrer Behandlung nicht zurückgehen, sowie für alle Fälle von Atemnot und Apathie.

Vor- und Nachsorge

Vermeiden Sie abrupte Temperaturunterschiede und Zugluft für Ihren Vogel. Sorgen Sie dafür, daß keine reizenden Dämpfe (z.B. von überhitzten Teflonpfannen) oder Gerüche in der Nähe des Pfleglings sind.

Achten Sie vor allem bei Papageien und Körnerfressern auf ausreichende Vitamin-A-Versorgung. Geben Sie regelmäßig ein Multivitaminpräparat mit hohem Vitamin-A-Anteil. Vitamin-A-Mangel ist ein Grund für Infektionsanfälligkeit und gehört zu den häufigsten Erkrankungen der Papageien und vieler Körnerfresser. Auf dem Speiseplan dieser Arten sollten neben den Körnern immer auch Vogelmiere, grüner Salat oder Möhren stehen!

Wichtig: Schon bei den ersten Anzeichen eines Schnupfens besteht Handlungsbedarf!

Erkrankungen der unteren Luftwege

Krankheitsbild

Fast alle Erkrankungen im Bereich der unteren Luftwege (Luftröhre, Bronchien, Lungen und Luftsäcke) gehen mit Atemnot einher. Durch angestrengtes Heben und Senken des Brustkorbes versucht der Vogel Luft zu bekommen.

Bei jedem Atemzug wippt der Schwanz auffallend auf und nieder. In schweren Fällen, z.B. bei einer Lungenentzündung, jappt der Patient mit aufgesperrtem Schnabel nach Luft, hat ein aufgeplustertes Gefieder und manchmal Gleichgewichtsstörungen (er schwankt im Sitzen), verweigert die Nahrung, erbricht und nimmt ab.

Welche Erkrankung genau vorliegt, ist schwer zu unterscheiden.

Ursachen

Viele Erreger können verantwortlich für die Erkrankung der tieferen Luftwege sein, z. B. Pocken (Vogeldiphtherie), Newcastle-Disease (→ hintere Umschlagseite), Drehkrankheit, Pacheco's Disease, Leukose, Virushepatitis, Ornithose/Psittakose (→ hintere Umschlagseite), Kokkeninfektionen, Pasteurellose, Salmonellose (→ hintere Umschlagseite), Coliinfektionen, Tuberkulose, Mykoplasmose etc.
Sehr häufig werden die Symptome auch von Pilzen oder Hefen verursacht. Eine starke Veränderung oder der Verlust der Vogelstimme kann beispielsweise auf eine gefährliche Auflagerung von Pilzen auf der Syrinx hinweisen, wodurch die Luftröhre nach und nach völlig zuwächst und der Vogel innerhalb weniger Tage erstickt.
Pilze können sich ebenso in den Luftsäcken einnisten und dort die Funktion erheblich beeinträchtigen. Da Luftsäcke auch das Verdauungssystem umgeben, zeigen die Vögel dann gewöhnlich Appetitlosigkeit und Erbrechen, einhergehend mit dramatischem Verfall.
Empfänglich für solche Pilzinfektionen sind Vögel mit Abwehrschwäche oder Mangelzuständen sowie in Streßsituationen. Auch verpilztes Futter kann für eine Infizierung verantwortlich sein.
Wenn Vögel husten, vielleicht auch würgen und den Hals strecken, liegt der Verdacht auf Befall mit Luftröhrenwürmern nahe. Die Larven werden mit infizierten Würmern oder Schnecken aufgenommen und wandern schon innerhalb von 6 Stunden aus dem Darm über den Blutstrom in die Lungen und von dort in die Trachea. Vögel können sich auch untereinander anstecken. Bei kleinen Vögeln wie Kanarienvögeln und Prachtfinken droht akuter Erstickungstod! Bei Massenbefall kann auch die Luftröhre größerer Vögel völlig blockiert werden.
Luftsack- oder Luftröhrenmilben kommen bei vielen Kanarienvögeln und anderen Finkenarten, Gouldsamadinen und Wellensittichen vor. Oft ziehen sie eine Lungenentzündung nach sich.
Trichomonaden verursachen festsitzende, gelbe, käsige Beläge im Rachen und Schlund.
Jodmangel kann zu einer Vergrößerung der Schilddrüse führen, die auf die Luftröhre drückt und so Atemnot verursacht.
Auch Erkrankungen anderer Organe, wie des Herzens, der Leber oder der Nieren, sowie Legenot können erhebliche Atembeschwerden hervorrufen.

Selbstmaßnahmen

Bringen Sie den erkrankten Vogel an einen warmen, zugfreien und ruhigen Ort.
Reinigen Sie seine Umgebung sorgfältig.
Bei Jodmangel fügen Sie dem Trinkwasser Jod zu (1 Tropfen Jodtinktur auf 25 bis 30 ml Wasser).

Wichtig: Maßnahmen zur Untersuchung oder Behandlung müssen äußerst ruhig und vorsichtig erfolgen. Vor allem kranke kleine Singvögel können durch die Aufregung, gefangen und in die Hand genommen zu werden, einen Schock erleiden und sterben.

● Naturheilmittel

Bei einer bakteriell- oder virusbedingten Erkrankung der unteren Luftwege können Sie die eventuell notwendige tierärztliche Behandlung unterstützen, indem Sie dem Vogel im akuten Stadium 1mal täglich 1 Tropfen Pulmonaria vulgaris-Injeel per os geben bis zur Besserung.
Vor allem bei Viruserkrankungen kann auch Engystol (2mal täglich 1 Tropfen) hilfreich sein.
In chronischen Fällen hat sich die tägliche Gabe von je 1 Tropfen Naphthalin-Injeel und Mucosa compositum bewährt.
Luftsackentzündungen können Sie parallel zur tierärztlichen Behandlung mit Echinacea compositum, Euphorbium compositum und Mucosa compositum therapieren; verabreichen Sie davon je 1 Tropfen 1mal täglich über 5 Tage.

● **Bach-Blüten**

Zur Förderung der Genesung geben Sie 2 Tropfen des Konzentrats von Olive in 100 ml Trinkwasser.
In akuten Fällen können die Rescue-Tropfen dem Vogel helfen, wieder zu gesunden. Geben Sie 2 Tropfen auf ca. 50 ml Trinkwasser.

Wann zum Therapeuten?

Wenn Verdacht auf eine Pilz-, Trichomonaden- oder parasitäre Infektion (Würmer, Milben) besteht, sollte unbedingt der Tierarzt zur Absicherung der Diagnose aufgesucht werden. Bringen Sie Kot des kranken Vogels mit!
Ebenso sollte bei Anzeichen einer Lungenentzündung ein rascher, aber möglichst schonender Transport zum Tierarzt erfolgen.

Wichtig: Da bei der Vielzahl der möglichen Ursachen eine sichere Diagnose für den Laien unmöglich ist und teilweise auch Ansteckungsgefahr für den Menschen droht, ist es immer erforderlich, den Patienten zum Tierarzt zu bringen, wenn sich das Krankheitsbild nicht binnen 24 Stunden gebessert hat. Zu Zoonosen → hintere Umschlagseite!

Vor- und Nachsorge

Stärken Sie die Abwehrkräfte Ihres Pfleglings, indem Sie ihm ausreichend Vitaminpräparate mit hohem Vitamin-A-Gehalt, Mineralien und Aminosäuren zur Verfügung stellen. Sorgen Sie für geeignete Klimabedingungen und Wärme.
Achten Sie auf Hygiene! Regelmäßige Reinigung der Futtergefäße und Auswechseln des Käfig- oder Volierenbodenbelags ist wichtig. Vermeiden Sie dauerfeuchte Stellen in der Voliere, um der Vermehrung von Pilzsporen vorzubeugen, und geben Sie kein verpilztes Futter. Vorsicht bei Keimfutter!
Sie können Ihrem Vogel in Streßsituationen zur Steigerung der Abwehrkräfte 2 Tropfen Echinacea compositum 1mal wöchentlich geben.
Eine Impfung ist nur gegen wenige Erreger möglich, aber nicht für alle Vogelarten (→ Seite 11).

Rasse-Dispositionen

Zu Jodmangel und Schilddrüsenerkrankungen neigen vor allem Wellensittiche.

Herz- und Kreislaufschwäche

Wichtig: Bei Verdacht auf Herz- und Kreislauferkrankungen ist besondere Vorsicht im Umgang mit dem kleinen Patienten geboten. Beim Einfangen, Untersuchen oder Eingeben von Medikamenten muß immer mit Schock und plötzlichem Herztod gerechnet werden. Solche Maßnahmen sollten also möglichst unterbleiben. Beobachten Sie den Vogel sorgfältig in seinem Käfig, die Medikamente werden über das Wasser verabreicht.

Krankheitsbild

A) Eine Blaufärbung der Ständer, der Haut und des Schnabels kann auf eine Herzschwäche hinweisen. Auch Atemnot oder schnelles Atmen, allgemeine Abgeschlagenheit, langes Schlafen oder mangelnde Kondition sind Zeichen einer Herzinsuffizienz.
B) Bei auffallend blasser Haut haben wir es oft mit einer Kreislaufschwäche, mit Schock, Kollaps, Durchblutungsstörungen oder einer Blutarmut zu tun.

Ursachen

Herz- und Gefäßerkrankungen sind häufig die Folge von Infektionskrankheiten und Vergiftungen.

A) Herzinsuffizienz ist bei zu gut genährten, älteren Papageien zu finden, die sich zu wenig bewegen. Bei älteren Singvögeln und zu fetten Papageien kommt es auch zu Arterienverkalkungen.
B) Kreislaufschwäche als Folge einer Blutarmut kann durch Verletzungen, Gerinnungsstörungen, Lebererkrankungen, massenhaften Milbenbefall (→ Seiten 66 bis 69), Blutparasiten oder Parasiten des Verdauungstraktes hervorgerufen werden.
Da das Blutvolumen mit etwa 10 % des Körpergewichtes vor allem bei kleinen Vögeln sehr gering ist, kann schon der Verlust einiger Tropfen Blut zu Kreislaufversagen führen.

Selbstmaßnahmen

B) Blutungen nach Verletzungen müssen Sie sofort durch Betupfen mit Eisenchlorid stillen.
Zu Selbstmaßnahmen bei Befall mit der Roten oder Nordischen Vogelmilbe → Seiten 66 und 69.

● Naturheilmittel

A) Eine allgemeine Herzschwäche sollte behandelt werden mit Cactus compositum, Carduus compositum, Coenzyme compositum und der Gabe von Vitaminen und Mineralien. Die zusätzliche Gabe von Cuprum aceticum ist empfehlenswert.
Mischen Sie die Mittel zu gleichen Teilen und geben Sie davon 1 ml pro Tag in wenig Wasser.

Wichtig: Wegen der Gefahr eines Schocks und plötzlichen Herztods ist eine direkte Eingabe nicht sinnvoll. Wenn der Vogel transportiert oder intensiv untersucht werden soll, ist es ratsam, am Tag zuvor die vier Mittel über das Trinkwasser zu verabreichen.

B) Bei auffallend blasser Haut mischen Sie Cor compositum, Carduus compositum und Coenzyme compositum zu gleichen Teilen und geben dem Vogel davon täglich 1 ml in wenig Wasser.

Bei Schock kann die Gabe von Aconitum compositum und Arnica D30 oder D200 manchmal noch helfen.
Bei psychischem Schock (z.B. nach einem schweren Verlust) ist Ignatia D30 oder D200 angezeigt. Wenn der Patient kalt ist, sollte Gelsemium D30 gegeben werden. Außerdem kann Carbo vegetabilis D200 angewendet werden.
Bei Kollaps ist eine Gabe von Carbo vegetabilis D200 alle 30 Minuten zu verabreichen. Wenn der Vogel die Augen öffnet, wird alle 3 Stunden Sulfur D200 gegeben.
Im Schock oder Kollaps werden von den angegebenen Präparaten je 1 bis 2 Tropfen direkt in den Schnabel geträufelt.

● Bach-Blüten

Gegen Angst und Scheu hilft oft Aspen. Muß der Vogel transportiert werden, geben Sie ihm rechtzeitig davor 2 Tropfen auf 100 ml Trinkwasser.
Auch die Bach-Blüte Star of Bethlehem oder die Rescue-Tropfen helfen, einen Schock zu verarbeiten. Mischen Sie 2 Tropfen auf 10 ml Wasser und geben Sie davon alle Stunde 1 bis 2 Tropfen.

Wann zum Therapeuten?

Bei Verletzungen oder wenn der Vogel nicht innerhalb von 2 Tagen auf die Behandlung anspricht, sollte er dem Tierarzt vorgestellt werden. Dabei ist möglichst Kot zur Untersuchung auf Parasiten mitzubringen.

Vor- und Nachsorge

Achten Sie darauf, daß Ihr Vogel genügend Bewegung hat und nicht zu fett wird.
Sorgen Sie durch gründliches, regelmäßiges Säubern der Umgebung dafür, daß sich Parasiten nicht ausbreiten können. Besprühen Sie Vogel und Käfig vorbeugend regelmäßig mit Exner Petguard.

Erkrankungen der Verdauungsorgane

Das Verdauungssystem der Vögel besteht aus Schnabelhöhle, Speiseröhre, Kropf, Drüsen- und Muskelmagen sowie den Därmen. Allerdings sind die einzelnen Organe – je nach Vogelgruppe (Papageien, Körnerfresser oder Weichfresser) – unterschiedlich groß oder kräftig ausgebildet, denn das Verdauungssystem muß sehr gegensätzliche Nahrung bewältigen.

Die aufgenommene Nahrung wird in den meisten Fällen unzerkleinert hinuntergeschluckt und gelangt als erste Station in den Kropf. Dieser stellt bei den meisten Vögeln eine einfache, schlauchförmige Erweiterung oder Ausbuchtung der Speiseröhre dar. Er dient als Speicherorgan. Hier findet aber auch schon mit Hilfe des Speichels eine Erweichung und eine Art Vorverdauung des Futters statt. Da dies vor allem bei harten Sämereien von Vorteil ist, besitzen gerade Körnerfresser wie Kanarienvögel, aber auch Wellensittiche, einen relativ großen Kropf.

Aus dem Kropf gelangt die Nahrung zuerst in den Drüsenmagen und dann in den Muskelmagen. Im allgemeinen gilt, daß im Drüsenmagen die Nahrung chemisch aufgeschlossen und im Muskelmagen durch kräftiges Kneten mechanisch zerkleinert wird. Letzterer ist bei den körner- und pflanzenfressenden Arten sehr muskulös, innen mit einer festen Hornhaut versehen und zermahlt durch asymmetrische Kontraktionen der Muskulatur, oft noch unterstützt von einer harten Reibeplatte und aufgenommenem Grit (→ Seite 122), das Futter. Bei fleischfressenden Arten spielt der Magensaft eine größere Rolle für die Verdauung, bei vielen Obstfressern ist der Muskelmagen unbedeutend.

Bei manchen Vogelarten, z. B. einigen Wasservögeln, gibt es sogar eine dritte Magenabteilung.

Den anschließenden Darm passiert der Nahrungsbrei relativ rasch. Der Darm endet in der Kloake, in die auch die Harnleiter sowie die Geschlechtsorgane (Samenleiter, Eileiter) münden. Die Ausscheidungen bestehen bei Vögeln normalerweise aus zwei Bestandteilen, der weißen, cremigen Harnsäure und der dunkelbraun-grünen Faeces, dem eigentlichen Kot. Die normale Faeces ist bei den meisten Körnerfressern pastös geformt, bei den Weichfressern eher breiig und von feuchter Konsistenz.

Der Stoffwechsel bei Vögeln ist höher als bei Säugetieren. Da die aufgenommene Nahrung schnell verdaut wird, müssen Vögel häufig fressen. Kleinere Vogelarten überleben bereits kurze Zeiten ohne Nahrungsaufnahme nicht. Deshalb müssen Sie sofort reagieren, wenn Sie merken, daß bei Ihren Vögeln eine Erkrankung im Verdauungstrakt vorliegen könnte.

Entzündungen der Schnabelhöhle

Die Schnabelhöhle ist oft von Entzündungen betroffen. Es ist daher wichtig, bei Untersuchungen des Vogels auch auf Veränderungen in der Schnabelhöhle zu achten.

Krankheitsbild

Der Vogel nimmt freiwillig keine Nahrung auf. Er kann dadurch schnell verhungern.
Neben Rötungen und Entzündungen findet man manchmal auch weißliche oder gelbliche Beläge im Rachenraum. Auch die Zunge kann verletzt sein.

Ursachen

Rötung und Entzündung der Schnabelhöhle sind meist eine Folge einer bakteriellen oder viralen Infektion der oberen Atemwege.
Auch Verätzungen oder Verbrennungen durch ätzende oder heiße Stoffe können die Ursache sein.
Weißliche oder gelbliche Beläge können Zeichen eines Vitamin-A-Mangels sein. Solche Auflagerungen werden aber auch von Pilzen, Hefen oder Trichomonaden verursacht. Bei Pockenerkrankungen bedecken ebenfalls dicke Beläge die Schleimhaut.
Verletzungen der Zunge können durch Splitter, Herumknabbern an Holz oder ungeeignetes Spielzeug entstehen. Auch Abschnürungen durch Gummibänder, Fasern oder Haare kommen vor.

Selbstmaßnahmen

Füttern Sie den Vogel in den nächsten Tagen nur mit Weichfutter (→ Seite 115) oder flüssiger Nahrung. Hilfreich kann auch sein, dem Trinkwasser Traubenzucker beizumengen. Wenn der Vogel trotzdem nichts aufnehmen will, müssen Sie ihn zwangsernähren, da er sonst verhungern würde. Geben Sie ihm dazu die weiche bis flüssige Nahrung mit Hilfe einer Pipette oder Spritze tropfenweise ein (→ Seite 112).
Eine zusätzliche Vitamin-A-Gabe empfiehlt sich, auch wenn keine Beläge zu sehen sind.

● **Naturheilmittel**
Geben Sie 2mal täglich Arnica-Injeel, Mucosa compositum und Echinacea compositum (je 1 Tropfen) direkt in den Schnabel ein. Bei Verletzungen oder Verbrennungen sollten Sie zusätzlich 1 Tropfen Traumeel verabreichen.

Wann zum Therapeuten?

Wenn sich die Entzündung nicht innerhalb von 2 Tagen bessert, sollten Sie den Tierarzt aufsuchen. Bei weißen oder gelben Belägen sollte er zur Diagnosesicherung konsultiert werden. Bei Pocken oder anderen Infektionskrankheiten ist die richtige Diagnose wichtig, um rechtzeitig Maßnahmen einleiten zu können, die eine weitere Verbreitung verhindern.

Welche Therapiemaßnahmen beim Therapeuten?

Der Tierarzt wird die Ursache abklären und dann geeignete Heilmittel zur Behandlung einsetzen. Ist ein Fremdkörper die Ursache, wird er diesen entfernen.

Vor- und Nachsorge

Stellen Sie Ihrem Vogel ausreichend Vitamin A zur Verfügung (→ Seite 16). Passen Sie auf, daß er keine ätzenden Flüssigkeiten oder heißen Speisen zu sich nehmen kann.
Achten Sie bei Spielzeug auf Bruchsicherheit und glatte Oberflächen. Geben Sie Ihrem Liebling lieber frische Zweige zum Knabbern.

Kropfentzündung, Kropfverstopfung

Der Kropf ist normalerweise nie leer, wenn der Vogel Gelegenheit zum Fressen gehabt hat. Bei ei-

nem leeren Muskelmagen gelangt das Futter bei einigen Vogelarten sofort in den Magen. Dies sollten Sie bei der Fütterung ausgehungerter Vögel berücksichtigen, damit keine Verdauungsprobleme entstehen (langsam kleine Mengen anbieten). Bei den Papageien wird die Nahrung allerdings immer erst im Kropf »zwischengelagert«.
Im Kropf wird bei einigen Arten auch die Kropfmilch gebildet, die den Jungen in den ersten Tagen als Hauptnahrung dient. Bei anderen Arten sammeln die Elterntiere das Futter für ihre Jungen erst im Kropf und bereiten es hier als leichter verdauliche »Babynahrung« zu.

Krankheitsbild

Das Allgemeinbefinden ist meist gestört. Das Tier sitzt aufgeplustert in einer Ecke, frißt wenig oder überhaupt nichts. Auffällig ist das Würgen und Erbrechen zähschleimiger Massen. Typisch für die Erkrankung ist, daß der Vogel dabei eine Art Schleuderbewegung mit dem Kopf ausführt, so daß das Gefieder am Kopf mit dem Schleim völlig beschmiert und verklebt wird. Bei vielen Tieren tritt gleichzeitig Durchfall und Atemnot mit fiepsenden Atemgeräuschen auf.
Der Kropf fühlt sich beim Abtasten durch die starke Verdickung der Kropfschleimhaut vergrößert an, obwohl er wenig oder gar kein Futter enthält. Manchmal kann man Schleimmassen ertasten. Die Konsistenz ist teigig.
Der kranke Vogel magert sehr schnell ab.
Die Kropfentzündung kann sich leicht wiederholen.

Wichtig: Das Auswürgen von weißlichem, körnerhaltigem Schleim muß nicht immer ein Zeichen einer Kropfentzündung sein, sondern kann besonders bei allein gehaltenen männlichen Wellensittichen durch einen übertriebenen und fehlgeleiteten Fütterungstrieb bedingt sein (→ Verhaltensstörungen, Seite 95).

Ursachen

Eine Kropfentzündung kann durch verdorbenes, vergiftetes Futter verursacht sein oder durch die Aufnahme anderer unverträglicher Stoffe.
Durch allgemeine Abwehrschwäche, Mangelsituation oder Antibiotika-Mißbrauch können sich Pilze, Hefen, Trichomonaden oder Bakterien ausbreiten und zu einer Entzündung des Kropfes führen.
Auch eine Kropfverstopfung kann eine Entzündung auslösen. Sie kann Folge übermäßiger Futter-, Grit- und Sandaufnahme sein. Der Kropf wird überfüllt mit unverdauten oder unverdaulichen Stoffen. Nimmt der Vogel zusätzlich Wasser auf, so quellen die Körner im bereits prall gefüllten Kropf. Das Organ wird überdehnt und gelähmt. Der überladene Kropf wird deutlich sichtbar und fühlbar.

Fremdkörper im Kropf sind selten. Es treten allerdings auch Kropfentzündungen auf, deren Auslöser nicht bekannt ist.

Selbstmaßnahmen

Sofern verdorbenes Futter, unverträgliche oder giftige Stoffe als Ursache in Betracht kommen, müssen diese natürlich sofort entfernt werden.
Bieten Sie als Futter ein Weichfutter (→ Seite 115) an, dem weitere Vitamine zugesetzt sind.
Wenn der Vogel absolut nichts selbständig fressen will, müssen Sie ihn mit einem Stärkungsmittel (→ Seite 114) zwangsernähren. Zur Appetitanregung kann ein Enzianwurzelaufguß ins Trinkwasser gegeben werden. Hilfreich ist auch Kamille als Trinkwasserzusatz zur Linderung der Entzündung.
Bei einer Kropfverstopfung sollten Sie dem Vogel das Futter für 24 Stunden entziehen. Außerdem können Sie versuchen, mittels ganz vorsichtiger Massage den Kropfinhalt zu entleeren. Aber die Prozedur ist gefährlich, denn das verängstigte Tier kann leicht einem Schock erliegen.

- **Naturheilmittel**

Geben Sie 2- bis 3mal täglich je 1 Tropfen Nux vomica-Homaccord, Mucosa compositum und Veratrum-Homaccord bis zur Besserung direkt in den Schnabel.
Bei Kropfverstopfung verabreichen Sie 3mal täglich 1 Tropfen Nux vomica-Homaccord.

Wann zum Therapeuten?

Sollte sich nach 1 bis 2 Tagen keine Besserung des Zustandes abzeichnen, sollten Sie den Tierarzt aufsuchen. Auch bei einer Kropfverstopfung muß er helfen.

Welche Therapiemaßnahmen beim Therapeuten?

Der Tierarzt wird feststellen, ob ein Befall mit Pilzen, Hefen oder Trichomonaden vorliegt, oder ob Bakterien die Entzündung verursachen. Danach kann er geeignete Therapien veranlassen.
Eine Kropfverstopfung läßt sich oft nur operativ oder mit einer Spülung beheben.

Vor- und Nachsorge

Achten Sie darauf, daß das Futter nicht verschimmelt oder verdorben ist und daß der Vogel keine anderen unverträglichen oder giftigen Stoffe aufnehmen kann. Geben Sie neben abwechslungsreicher Kost (→ Seite 16) ausreichend Vitamine, vor allem Vitamin A.
Papageien brauchen keinen Grit – die Kontraktionen des Muskelmagens sind stark genug, um das Futter zu zermahlen. Grit kann im Gegenteil bei Papageien gefährlich werden. Kranke Tiere neigen dazu, Grit übermäßig zu verschlingen und überladen damit Kropf und Muskelmagen. Bieten Sie kleinen Papageien statt dessen zerstoßene Austernschalen an. Sie dienen der Kalziumversorgung und können nicht zu einer Überladung des Kropfes führen, da sie im Laufe der Zeit abgebaut werden.

Rasse-Dispositionen

Von Kropfentzündungen werden vor allem Papageien und insbesondere Wellensittiche betroffen. Es kommt leicht zu Rückfällen.

Magen-Darmentzündungen

Trotz der großen Unterschiede in der Nahrungswahl und im Verdauungssystem zeigen die verschiedenen Vogelgruppen im Fall der Erkrankung von Magen und Darm doch sehr ähnliche Symptome. Durchfall tritt relativ häufig auf.

Krankheitsbild

Das Allgemeinbefinden ist gestört, der Vogel sitzt teilnahmslos und mit gesträubtem Gefieder auf der Stange oder sogar schon matt auf dem Boden. Er nimmt nur noch wenig oder überhaupt keine Nahrung zu sich. Der Bauch ist häufig aufgetrieben, und der Zwölffingerdarm, das Duodenum, scheint oft deutlich durch die Bauchwand.
Die Kloake (→ Seite 49 und 106) kann verschmutzt und entzündet sein.
Der Kot ist dünnflüssig, schmierig und mit dem Harnanteil vermischt; Farbe und Geruch sind verändert. Er kann braun, grün oder gelblich verfärbt sein, mit oder ohne Blutbeimengung.

Wichtig: Wenn der Harnanteil dünn, schleimig oder wäßrig-flüssig ist, aber der Kot selbst noch seine übliche Form hat, dann handelt es sich nicht um Durchfall, sondern um Polyurie (→ Seite 107)!

Ursachen

Durchfälle (Enteritiden) können viele Ursachen haben. Das Futter kann durch Schimmel, Fäulnis oder Milben verdorben sein, für die gehaltene Vogelart nicht geeignet (→ Seite 20) oder schwer verdaulich sein.
Auch Vergiftungen können Durchfall auslösen.
Infektionen mit Pilzen, Viren oder Bakterien sowie Befall mit Parasiten wie Würmern und Protozoen (z. B. Coccidien und Giardien) können mit Durchfall einhergehen.
Durchfall kann auch eine Begleiterscheinung von Erkrankungen an Leber, Bauchspeicheldrüse, Drüsen- oder Muskelmagen sein. Bei einer Beeinträchtigung der Darmmotorik reagiert der Körper ebenfalls mit Durchfall.

Wichtig: Auch Streß oder Aufregung können einen breiigeren Kot als normal verursachen, ebenso das Legegeschäft. Nicht jeder dünne Kot muß deshalb sofort als krankhaft eingestuft werden!

Auch nach dem Verzehr großer Mengen Früchte wird der Kot weicher als sonst ausfallen, bestimmte Beeren oder Karotten verändern die Farbe der Ausscheidungen.
Bei manchen Arten, etwa den Loris, ist ein dünnflüssiger Kot aufgrund des Nektars als Nahrungsbestandteil völlig normal.

Selbstmaßnahmen

Wichtig: Bei Durchfall muß schnell gehandelt werden, da der Vogel bereits nach kurzer Zeit ausgetrocknet sein kann. Wenn Ihr Vogel trinkt, sollten Sie ihm Kamillen- oder Eichenrindentee anbieten, da er dem Durchfall entgegenwirkt. Außerdem sollten Sie ein Multivitaminpräparat und Mineralstofflösungen geben.

Kontrollieren Sie das Futter auf Haltbarkeit, Schädlingsbefall und Artverträglichkeit (→ Seite 16). Wechseln Sie es gegebenenfalls aus.

● Naturheilmittel

Ist ein Ernährungsfehler die Ursache für den Durchfall, geben Sie 2mal täglich je 1 Tropfen Nux vomica-Homaccord und Veratrum-Homaccord.
Bei einer Infektion hilft zusätzlich zu diesen Mitteln noch Engystol (1 Tropfen 2mal täglich).
Sind für den Durchfall weder Parasiten noch eine akute Infektion verantwortlich, verabreichen Sie 2mal täglich je 1 Tropfen Nux vomica-Homaccord, Veratrum-Homaccord, Carduus compositum und Coenzyme compositum per os.
Entzündungen der Kloake (→ Seite 122) behandeln Sie am besten mit Traumeel-Salbe, die Sie 2- bis 3mal täglich einreiben.

● Bach-Blüten

Bei bedrohlichen Magen-Darmstörungen können die Bach-Blüte Rock Rose oder die Rescue-Tropfen gute Dienste leisten. Mischen Sie 2 bis 4 Tropfen auf 10 ml Wasser und geben Sie davon mehrmals täglich 1 bis 2 Tropfen ein.
Sind Parasiten die Ursache, helfen zusätzlich zu den Antiparasitika die Bach-Blüten Crab Apple und Centaury; geben Sie 1 Woche lang je 2 Tropfen der Essenzen auf 100 ml Trinkwasser. Dadurch werden Widerstandskraft und Appetit angeregt.

Wann zum Therapeuten?

Wenn innerhalb von 24 Stunden keine Besserung des Durchfalls und des Allgemeinbefindens eingetreten ist, brauchen Sie unbedingt die Hilfe des Tierarztes. Bringen Sie zu diagnostischen Zwecken den Kot des Vogels und möglichst auch den Patienten mit.
Ist die Kloake entzündet oder vorgefallen, ist ebenfalls sofortige tierärztliche Hilfe nötig.

Wichtig: Liegt der Verdacht auf eine Vergiftung nahe (→ Seite 99), vertun Sie keine unnötige Zeit und fahren Sie sofort zum Veterinär!

Welche Therapiemaßnahmen beim Therapeuten?

Der Tierarzt kann feststellen, ob eine Infektion mit Bakterien, Viren oder Pilzen vorliegt.
Eine parasitologische Kotuntersuchung wird zeigen, ob Endoparasiten wie Würmer, Coccidien oder andere Protozoen den Durchfall auslösten. Unter dem Mikroskop sind dann im Kot Eier oder Oozyten zu finden.

Wichtig: Bei Parasitenbefall sowie bei einer Infektion durch Bakterien oder Pilze muß unbedingt ein wirksames, gut verträgliches allopathisches Mittel ausreichend lange nach Anweisung des Tierarztes gegeben werden! Naturheilmittel können daneben unterstützend verabreicht werden.

Vor- und Nachsorge

Achten Sie darauf, daß Ihr Vogel nur für ihn geeignetes, unverdorbenes Futter erhält. Auch wenn er gern von Ihrem Essen nascht: salzige, scharfe Nahrung sowie Alkohol sind absolut tabu!
Tragen Sie Sorge, daß er keine giftigen Stoffe aufnehmen kann. Auch viele Zimmerpflanzen (z. B. Dieffenbachien, Oleander, Weihnachtsstern) sind giftig!
Sprühen Sie Ihren Vogel nicht mit einem Insektizid ein. Beim Putzen des Federkleides würde er die giftigen Stoffe aufnehmen.
Bringen Sie alle 3 Monate eine Kotprobe zum Tierarzt zur Untersuchung auf Endoparasiten. Vögel in Freivolieren können sich leicht durch den Kot von Wildvögeln infizieren. Vorsorglich sollten Volieren deshalb oben immer vollständig abgedeckt sein.

Zur Stärkung der Widerstandskraft gegen Infektionen und Parasitenbefall können Sie regelmäßig die Bach-Blüte Crab Apple reichen (2 Tropfen auf 100 ml Trinkwasser).

Rasse-Dispositionen

Magen- und Darmentzündungen können bei allen Vogelarten auftreten.

Störungen der Bauchspeicheldrüse

Störungen der Bauchspeicheldrüse treten meist in Verbindung mit anderen Krankheiten auf.

Krankheitsbild

Das Tier nimmt ständig ab, trotz erheblich gesteigerter Futteraufnahme. Die Kotmenge nimmt – den Futtermengen entsprechend – zu.
Der Kot ist krümelig, oberflächlich hellgrau-gelb verfärbt und erstarrt sehr schnell zu kalkigen Haufen. Kot und Harnanteil sind nicht mehr zu unterscheiden. Im Kot kann eine Menge Stärke nachgewiesen werden, die den Darm unverdaut verläßt. Die Erkrankung verläuft chronisch; Chancen auf Heilung bestehen kaum.

Ursachen

Die Ursachen sind nicht bekannt.

Selbstmaßnahmen

- **Naturheilmittel**

Trotz unklarer Ursachen sollten Sie eine Behandlung versuchen.

Verabreichen Sie 1mal täglich je 1 Tropfen Lycopodium-Injeel, Nux vomica-Homaccord und Veratrum-Homaccord per os über einen längeren Zeitraum.

Bach-Blüten

Daneben ist die Bach-Blüte Mustard empfehlenswert. Geben Sie 2 Tropfen der Essenz auf 100 ml Trinkwasser über mehrere Wochen.

Wann zum Therapeuten?

Zur Absicherung der Diagnose sollten Sie zum Tierarzt gehen.

Lebererkrankungen

Die Leber ist das wichtigste Stoffwechsel- und gleichzeitig Entgiftungsorgan, deshalb wird sie sehr oft auch bei Erkrankungen anderer Organe oder bei Infektionen beeinträchtigt.
Leberveränderungen in Form einer Entzündung oder fettigen Leberdegeneration kommen bei Vögeln recht häufig vor.

Krankheitsbild

A) Die Leber ist vergrößert und es kommt meist zu einer Flüssigkeitsansammlung im Bauch (Ascites). Der Leib schwillt ballonartig an, und die Flüssigkeit ist sogar durch die dünne Bauchwand sichtbar oder tastbar.
Begleiterscheinung einer Lebererkrankung können Durchfall und/oder Erbrechen sein. Der Kot ist bräunlich oder gelblich verfärbt.
Kann die Leber die Giftstoffe nicht mehr ausreichend abbauen, sucht sich der Körper als Hilfs-Ausscheidungsorgan andere Organe, z. B. die Haut. Deshalb weisen häufig auch Hauterkrankungen wie ein schlechtes Federkleid, Hautjucken, Dermatitis (vor allem im Halsbereich) auf Leberveränderungen hin.
Auch eine Polyurie (→ Seite 123) kann auf einer Lebererkrankung beruhen.
Eine Gelbfärbung der Haut – typisches Zeichen bei Menschen und vielen Säugetieren – ist dagegen bei Vögeln selten zu beobachten. Manchmal findet man Pigmentveränderungen in den Federn, z. B. schwarz verfärbte Spitzen (Melanismus).
B) Bei einer fettigen Leberdegeneration ist neben den oben beschriebenen Symptomen eine starke Verfettung der Tiere zu finden. Im Brust- oder Bauchbereich sind dicke, gelbliche Fettpolster unter der Haut zu sehen.
Durch ihr Übergewicht sind diese Vögel träge, kurzatmig, nach kurzem Flug erschöpft oder sie fliegen gar nicht mehr.

Wichtig: Die Vermutung »Lebererkrankung« bleibt beim lebenden Tier aber fast immer eine Verdachtsdiagnose, die erst durch eine Sektion nach dem Tod des Vogels bestätigt werden kann.

Ursachen

Hauptursache einer Lebererkrankung ist eine Überforderung des Entgiftungsorgans Leber.
A) Eine Veränderung und Degeneration der Leber kann hervorgerufen werden durch
– eine ganze Reihe von Infektionskrankheiten, ausgelöst durch Viren oder Bakterien (z. B. Newcastle-Disease, Pacheco's Disease, Psittakose/Ornithose, Salmonellose, Tuberkulose oder Leukose)
– Pilzinfektionen
– unverträgliche und verpilzte Futtermittel und eine einseitige, nicht ausgewogene Ernährung
– Gifte, die der Vogel direkt oder über die Haut aufgenommen hat
– Wurmbefall.

3

B) Ursache der fettigen Leberdegeneration ist im allgemeinen eine falsche Fütterung mit zu kalorienreichem Futter und Bewegungsmangel.
Die gleichen Symptome hat allerdings auch eine Schilddrüsenunterfunktion zur Folge.

Selbstmaßnahmen

A) Vögel mit Leberstörungen haben verminderten Appetit oder verweigern Nahrung und Wasser völlig. Das führt sehr schnell zur Austrocknung, auch bei Arten, die wenig trinken oder wenig Wasser benötigen. Aus diesem Grund müssen ihnen Flüssigkeit und Nahrung in kleinen Mengen vorsichtig eingeflößt werden. Dabei empfiehlt sich die spezielle Leberdiät (→ Seite 114).
B) Bei Verfettung setzen Sie die Futtermenge herab und erhöhen Sie das Angebot an Obst und Gemüse.
Bei einer Schilddrüsenunterfunktion wird dem Trinkwasser Jod zugesetzt (1 Tropfen Jod auf 25 bis 30 ml Wasser).

Naturheilmittel

A) Im Anfangsstadium einer vermuteten Leberstörung können Sie eine Therapie mit Carduus compositum und Coenzyme compositum versuchen. Geben Sie dazu 1mal täglich je 1 Tropfen direkt in den Schnabel.
Im fortgeschrittenen Stadium wählen Sie Chelidonium-Homaccord, Hepar compositum und Coenzyme compositum; verabreichen Sie davon je 1 Tropfen pro Tag per os über längere Zeit.
Auch 1 Tropfen Arsenicum album-Injeel pro Tag kann helfen.
B) Bei der fettigen Leberdegeneration verabreichen Sie dem Vogel je 1 Tropfen Carduus compositum, Coenzyme compositum und Hepar compositum 1mal täglich über längere Zeit.
Auch bei Schilddrüsenunterfunktion geben Sie die genannten Heilmittel in der gleichen Dosierung. Zusätzlich kann auch Thyreoidea compositum bei Schilddrüsenproblemen 3mal wöchentlich 1 Tropfen in den Schnabel geträufelt werden.

Bach-Blüten

Zur Unterstützung bei Leberschädigungen können Sie dem Vogel immer Crab Apple geben. Diese Bach-Blüte hilft dem Körper, Gifte abzubauen und Widerstandskräfte zu stärken. Geben Sie 2 Tropfen auf 100 ml Trinkwasser.

Wann zum Therapeuten?

Bei Verdacht auf eine Lebererkrankung mit anhaltendem Durchfall und Erbrechen sowie Futterverweigerung sollten Sie den Tierarzt besser gleich aufsuchen, um die Ursachen abzuklären.

Vor- und Nachsorge

Mit einem artgerechten Futter (→ Seite 16) und ausreichender Bewegungsmöglichkeit beugen Sie Leberstörungen gut vor. Bei Verdacht auf eine Leberschädigung sollten Sie grundsätzlich ein spezielles Futter anbieten (→ Seite 114).
Seien Sie vorsichtig im Umgang mit Insektiziden und anderen Giften, auch Medikamenten. Diese gehören nicht in die Nähe des Vogels.
Lassen Sie regelmäßig alle 3 Monate eine Kotprobe auf Parasiten untersuchen.
Nach einer überstandenen Erkrankung können Sie dem Vogel noch einige Zeit 1mal wöchentlich 2 Tropfen Hepar compositum geben.

Rasse-Dispositionen

Leberverfettung wurde vor allem bei Wellensittichen und Stubenkanarienvögeln festgestellt, vereinzelt sind auch größere Papageien betroffen. Bösartige Lebertumoren hat man vor allem beim Wellensittich gefunden.

Erkrankungen der Harn- und Geschlechtsorgane

Die Harnorgane dienen dem Vogel für die Ausscheidung und Flüssigkeitsregulierung. Sie unterscheiden sich bei den Vögeln ganz erheblich von denen der Säugetiere.

Bei den meisten Vogelarten liegt die Niere als paariges Organ vor, gut verborgen in den Nischen des Beckens. Wie die Säuger bilden die Vögel einen konzentrierten Harn, der aber aus Harnsäure (halbfestes cremig-weißes Urat, → Seite 123) und nicht aus Harnstoff besteht sowie einer winzigen Menge klarem Urin. Urat wird in der Leber gebildet, dann in der Niere konzentriert und von dort über den schleimhautüberzogenen Harnleiter in die Kloake befördert. Hier werden Harn und Kot (Faeces) zusammen ausgeschieden; bei einigen Arten wird dem Harn in der Kloake weitere Flüssigkeit entzogen. Harnsäure, Urin und Kot sind deutlich voneinander zu unterscheiden.

Eine Harnblase, wie bei den Säugetieren, ist bei den Vögeln nicht vorhanden.

Zu den männlichen Geschlechtsorganen gehören die paarig angelegten, bohnenförmigen Hoden, die Nebenhoden, die Samenleiter und das Begattungsorgan. Einige Vogelarten haben einen ausschachtbaren Penis, andere nicht. Die Samenabgabe erfolgt bei der Begattung über die Phallusspitze in den vorgetretenen Eileiter der Henne.

Beim weiblichen Vogel entwickelt sich in der frühembryonalen Phase nur der linke Eierstock mit Eileiter zu funktionsfähigen Geschlechtsorganen. Der Eileiter teilt sich in 5 Abschnitte: Das dotterreiche Ei wird im Eileitertrichter und dem Magnum mit der zähflüssigen Weißeiweiß-Schicht umgeben. Hier erhält das Ei auch Natrium, Magnesium und Kalzium. In der anschließenden Eileiterenge wird das Ei mit der keratinhaltigen zweischichtigen Schalenhaut ausgestattet. Dann gelangt es in den Uterus, die Kalkkammer, wo es etwa 20 Stunden verweilt. Das Gewicht des Eies wird hier durch Hinzufügen wäßriger Lösungen verdoppelt, und die Kalkschale wird gebildet. Anschließend passiert das fertige Ei innerhalb weniger Sekunden die Vagina, wo es noch mit der Schalenoberhaut, die die Poren der Kalkschale verschließt, versehen wird. Schließlich gelangt es in die Kloake und wird gelegt.

Für die männlichen Spermien besitzt der weibliche Vogel einen Speicher, aus dem die Spermien nach Bedarf zur Befruchtung aufgerufen werden.

Nierenentzündung

Eine Entzündung der Nieren (Nephritis) kann sowohl chronisch als auch akut auftreten.

Krankheitsbild

Bei einer chronischen Nierenentzündung hat der Vogel periodisch auftretenden Durchfall und wenig Appetit; zudem ist er apathisch. Sein Trinkbedürfnis ist erhöht. Hinzu kommen Atemnot und ein struppiges Federkleid. Das Allgemeinbefinden wird zusehends schlechter.

Die Vögel sitzen breitbeinig und leicht zurückgebeugt.
Der Durchfall ist bei genauerem Hinsehen anders als bei Magen-Darmerkrankungen. Der eigentliche Kot ist normal geformt, je nach Vogelart weicher oder fester (→ Seite 9), aber der Nierenanteil ist wäßrig und krankhaft vermehrt (Polyurie). Die weißliche Harnsäure (Urat) und der Urin vermischen sich miteinander. Auf einem Stück Papier oder Zellstoff kann man deutlich erkennen, wie der Harnanteil zerfließt.
Die Krankheit kann sich über Wochen und Monate entwickeln.
Eine akute Nierenentzündung verläuft dagegen meist sehr schnell und führt bei hochgradig gestörtem Allgemeinbefinden rasch zum Tod.
Sie ist am lebenden Vogel nicht sicher zu diagnostizieren.
Auf eine Niereninsuffizienz kann man schließen, wenn nur sehr wenig oder überhaupt kein Harn ausgeschieden wird.

Ursachen

Nierenerkrankungen können ausgelöst werden durch
- Infektionskrankheiten sowie vorangegangene Infektionen
- Vergiftungen durch Chemikalien, Medikamente, Metalle, Salz
- Schimmelpilze etc.
- Vitamin-A-Mangel
- Tumoren
- Schock
- gestörte Trinkwasseraufnahme.

Darüber hinaus gibt es unbekannte Ursachen.

Selbstmaßnahmen

Stellen Sie dem Vogel eiweißarmes, aber vitaminreiches Futter (viel Grünzeug und Obst) und Wärme zur Verfügung.
Dem Trinkwasser sollten Sie ausreichend Vitamin A zusetzen.
Empfehlenswert ist eine Tyrode-Lösung (→ Seite 115). Achten Sie darauf, ob der Vogel genug trinkt und frißt. Falls nicht, müssen Sie ihm die Tyrode-Lösung direkt eingeben.
Bewährt haben sich bei Papageien auch Babykost-Gläschen mit Obst oder Gemüse.

● Naturheilmittel

Nierenerkrankungen sollten mit Cantharis compositum, Berberis-Homaccord und Engystol behandelt werden. Verabreichen Sie davon 1mal täglich je 1 Tropfen per os über 1 Woche.
Auch Arsenicum album-Injeel, 1 Tropfen pro Tag direkt in den Schnabel, kann hilfreich sein.
Bei Verdacht auf Niereninsuffizienz geben Sie je 1 Tropfen Engystol und Solidago compositum.

● Bach-Blüten

Unterstützend reichen Sie dem Patienten je 2 Tropfen von Star of Bethlehem und Pine auf 100 ml Tränke über mindestens 4 Wochen.

Wann zum Therapeuten?

Wenn sich der Zustand innerhalb von 2 bis 3 Tagen nicht bessert, sollten Sie den Tierarzt aufsuchen. Dies ist wichtig, da auch bei einer Psittakose/Ornithose (→ hintere Umschlagseite) die Nieren beeinträchtigt sein können!

Vor- und Nachsorge

Achten Sie darauf, daß der Vogel immer ausreichend Trinkwasser zur Verfügung hat und genügend Vitamin A erhält. Das Futter sollte artgerecht und ausgewogen sein (→ Seite 16). Ein zu hoher Proteingehalt in der Nahrung kann zu Nierenproblemen beitragen. Geben sie niemals verschimmeltes Futter.

Stellen Sie sicher, daß Ihr Pflegling keine gesalzenen Knabbereien, Gifte, Chemikalien, Medikamente, Metallfolie, Blei oder Zinn, Lametta oder giftige Pflanzen aufnehmen kann.

Rasse-Dispositionen

Entzündungen der Nieren können bei allen Vogelarten vorkommen.
Tumoren der Nieren (→ Seite 79) sind bei Wellensittichen vergleichsweise öfter festgestellt worden als bei anderen Vogelarten.

Gicht

Als Gicht wird die übermäßige Ansammlung von Harnsäure im Blut und die Ablagerung von Uraten (→ Seite 123) in Geweben und Gelenken bezeichnet. Die Erkrankung verläuft chronisch.
Im Herbst häufen sich die Gichtfälle.

Krankheitsbild

Bei der Gicht unterscheidet man zwei Formen:
A) Die Eingeweidegicht äußert sich durch Ablagerungen von Uraten im Nierengewebe, Harnleiter, Herzbeutel, Darmtrakt, in den Luftsäcken oder in anderen Organen. Sie ist äußerlich kaum zu erkennen.
B) Die Gelenkgicht ist sicher zu diagnostizieren. Die Harnsäurekristalle lagern sich unter der Haut in Gelenknähe ab. Man findet rundliche, gelbe Knoten an den Gelenken der Zehen und Beine und gelbliche, bröckelige Massen in den Gelenken. Die Flügel sind meist nicht betroffen.
Die Gliedmaßen sind oft geschwollen, heiß und schmerzhaft. Im Endstadium können sich die Vögel nicht mehr auf der Stange halten und sitzen oder liegen auf dem Boden.
Die erkrankten Tiere sind außerdem teilnahmslos, haben wäßrigen Durchfall, magern zunehmend ab und sind schwach. Es kann schließlich zu Krämpfen und plötzlichem Tod kommen.

Ursachen

Die Harnsäure wird bei Vögeln als Endprodukt des Eiweißstoffwechsels normalerweise über die Niere ausgeschieden. Bei einer Schädigung der Nieren ist diese Ausscheidung gestört. Der Harnsäurespiegel im Blut steigt an, es kommt zu Urat-Ablagerungen in den Organen und Gelenken. Die Gicht kann also Folge einer Niereninsuffizienz sein.
Auch eine Verstopfung oder Verlegung des Harnleiters führt zu Harnstau, erhöhtem Harnsäurespiegel und Harnsäureablagerungen.
Infektionen, Vergiftungen, überdosierte Medikamente, eine zu geringe Wasseraufnahme, Mangel an Vitamin A und eine falsche Ernährung begünstigen eine Erkrankung der Nieren und führen damit oft zur Gicht.
Ein Überangebot an Eiweiß trägt wahrscheinlich zur Entstehung der Gicht und einem negativen Krankheitsverlauf bei, kann aber nicht die alleinige Ursache sein.

Selbstmaßnahmen

Halten Sie Ihren Patienten warm und trocken. Stellen Sie ihm viel Grünzeug und Obst zur Verfügung. Der Vogel sollte außerdem zusätzlich Vitamin A und B_{12} mit dem Trinkwasser oder Futter erhalten. Achten Sie darauf, daß er viel trinkt!

- **Naturheilmittel**

Mischen Sie Mucosa compositum, Colchicum-Injeel, Traumeel und Populus compositum zu gleichen Teilen und geben Sie davon 1mal täglich 3 Tropfen im Wechsel mit 1 bis 2 Tropfen Solidago compositum.

Mit sehr gutem Erfolg wurde auch Restructa forte eingesetzt. Lösen Sie 1 Tablette in etwa 1 ml Wasser auf und geben Sie Ihrem Vogel davon mehrmals täglich 3 bis 5 Tropfen ein.

● Bach-Blüten

Bach-Blüten können den Heilungsprozeß fördern. Geben Sie von Clematis, Gentian, Larch und Gorse je 2 Tropfen auf 100 ml Trinkwasser. Sie können auch jeweils 1 Tropfen auf 10 ml Wasser geben und dem Vogel von dieser Standardverdünnung 4mal täglich 1 bis 4 Tropfen (je nach Größe des Vogels) verabreichen.

Wann zum Therapeuten?

Wenn Sie nach 1 Woche keine Besserung sehen und das Tier Schmerzen leidet, sollten Sie unbedingt den Tierarzt zu Rate ziehen.

Vor- und Nachsorge

Vermeiden Sie alles, was zu einer Schädigung der Nieren führen könnte (→ Vor- und Nachsorge, Seite 58). Auch die Haltung in feuchter, kalter Umgebung kann zu einer Erkrankung führen.
In den Herbstmonaten sollten Sie den Vögeln vorsorglich einmal wöchentlich eine Mischung aus Berberis-Homaccord, Cantharis compositum, Carduus compositum, Coenzyme compositum und Engystol über das Trinkwasser verabreichen (5 Tropfen der Mischung auf 10 ml Trinkwasser).
Außerdem sollten Sie immer ausreichend Vitamin A und Vitamin B_{12} reichen.
Auch bei Nestlingen und Jungvögeln wurde bereits schwere Gicht gefunden. Die Erkrankung konnte verhindert werden, wenn den Tieren zusätzlich Kuhdung angeboten wurde. Vermutlich geht die Schutzwirkung vom Vitamin B_{12} aus. Wenn Sie Gelegenheit dazu haben, sollten Sie Ihren Vögeln hin und wieder Kuhfladen besorgen.

Rasse-Dispositionen

Gicht kann bei allen Vogelarten auftreten. Besonders oft sind Wellensittiche befallen.

Erkrankungen der männlichen Geschlechtsorgane

Erkrankungen der Geschlechtsorgane betreffen bei den Männchen meist die Hoden. Sie führen zu einer mangelnden Fortpflanzung (Reproduktion) oder einer Störung des Allgemeinbefindens. Häufig kommt es zu einer Veränderung der Hoden.

Krankheitsbild

A) An erster Stelle stehen Geschwulstbildungen an den Hoden. Verfärbungen der Nasenwachshaut (z.B. beim männlichen Wellensittich von Blau nach Braun), leichte Erschöpfung im Flug, hin und wieder auftretende Durchfälle können erste Anzeichen dafür sein. Später schwillt der Leib an, Atemnot und Lähmungen entstehen, das Allgemeinbefinden ist oft erheblich gestört.
Eine sichere Diagnose ist allerdings äußerlich kaum möglich.
B) Obwohl Sie Ihre Vögel paarweise halten, bekommen diese keinen Nachwuchs (Fruchtbarkeitsstörungen).

Ursachen

A) Die Ursachen für die Geschwülste an den Hoden sind ungeklärt.
B) Die mangelnde Reproduktion kann eine Folge unterentwickelter Hoden sein. Welche Umstände zu dieser Entwicklungsstörung der Keimdrüsen führen, ist nicht bekannt.

Fruchtbarkeitsstörungen können auch verursacht werden durch entzündliche Veränderungen in den Geschlechtsorganen, hervorgerufen durch eine Vielzahl von Erregern.

Selbstmaßnahmen

Sorgen Sie für artgerechte Nahrung (→ Seite 16), ausreichende Vitaminzufuhr und artgerechte Haltung (→ Seite 12).

Naturheilmittel

A) Eine Behandlung der Hodengeschwulst kann versucht werden mit einer Mischung zu gleichen Teilen aus Galium-Heel, Ubichinon compositum, Glyoxal compositum und Hormeel. Geben Sie 1 Woche lang von der Mischung 1mal täglich 3 Tropfen per os oder 5 bis 8 Tropfen auf ca. 20 bis 30 ml Trinkwasser.
Setzen Sie danach die Therapie fort, indem Sie 2mal wöchentlich die Mischung in der beschriebenen Dosierung verabreichen.

Wichtig: Bei dieser Erkrankung müssen Sie viel Geduld aufbringen und die Behandlung lange genug durchführen. In manchen Fällen kann das Wachstum der Geschwulst zum Stillstand gebracht oder gar ein Rückgang erreicht werden (→ auch Geschwülste, Seite 79).

B) Bei Verdacht einer Fruchtbarkeitsstörung beim Hahn behandeln Sie den Vogel mehrere Tage lang mit Testis compositum, Hormeel, Carduus compositum und Coenzyme compositum; geben Sie ihm von den genannten Mitteln je 1 Tropfen 1mal täglich direkt in den Schnabel.

Bach-Blüten

Ein fehlgeprägter Vogel spricht gut auf die Bach-Blüte Cerato an. Geben Sie 2 Tropfen auf 100 ml Trinkwasser.

Wann zum Therapeuten?

Bei Verdacht auf eine Geschwulst sollten Sie die »Diagnose« absichern lassen.
Auch bei der Geschlechtsbestimmung kann der Tierarzt helfen.

Welche Therapiemaßnahmen beim Therapeuten?

Wenn Sie sich über das Geschlecht Ihrer Vögel nicht sicher sind, so kann der Tierarzt heute bei einer Vielzahl von Arten mit einer Blutprobe des Tieres in einem Speziallabor feststellen lassen, ob es sich um Männchen oder Weibchen handelt. Bei einigen anderen Arten ist immer noch die Endoskopie (→ Seite 121) zur Geschlechtsbestimmung nötig.

Wichtig: Um einen plötzlichen Tod durch Schock zu vermeiden, sollte bei kleinen Vogelarten auf eine Geschlechtsbestimmung mit Hilfe einer Blutuntersuchung oder Endoskopie verzichtet werden.

Vor- und Nachsorge

Bei Fruchtbarkeitsstörungen sollten Sie immer überprüfen:
- Gehören die Paarpartner der gleichen Art an?
- Sind die Partner sicher Männchen und Weibchen?
- Sind beide Partner geschlechtsreif?
- Verstehen sich die beiden oder gibt es Aggressionen oder dominantes Verhalten?
- Ist einer der Vögel so auf den Menschen fehlgeprägt, daß er seinesgleichen nicht als Partner erkennt?
- Ist der Käfig oder die Voliere so eingerichtet, daß sich das Vogelpaar wohlfühlt und fortpflanzen will?
- Ist die Nahrung artgerecht und enthält sie ausreichend Vitamine und Mineralien?

Wenn Geschwülste tatsächlich zurückgegangen sind, sollten Sie die Behandlung trotzdem noch 1mal monatlich weiter durchführen.

Rasse-Dispositionen

Geschwulstbildungen der Hoden sind bei Wellensittichen häufig. Sie treten bei Tieren aller Altersstufen auf.

Erkrankungen der weiblichen Geschlechtsorgane

Störungen bei der Eientwicklung kommen relativ häufig vor.

Krankheitsbild

A) Das Weibchen legt Eier, die mißgebildet oder zu groß sind, eine zu weiche Schale haben oder Schichteier (→ Seite 123).

Wichtig: Bei solchen Eiern kann es zur gefährlichen Legenot (→ Seite 100) kommen. Hier muß sofort geholfen werden!

B) Der Vogel legt keine Eier und will nicht brüten.
C) Der Leib schwillt erheblich an, der Vogel hat Atemnot, Durchfall, er erbricht und die Kotballen sind vergrößert; eventuell steht er unsicher auf den Beinen. Bei manchen ist die Nasenwachshaut verfärbt. Das Allgemeinbefinden kann erheblich gestört sein.
Einige erkrankte Tiere pressen ständig, obwohl kein Ei im Eileiter ist.
In schweren Fällen kann es auch zum plötzlichen Tod kommen, auf den ersten Blick scheinbar unerklärlich.

Ursachen

A) Solche Eianomalien sind häufig ein Zeichen für entzündliche Vorgänge im Bereich der Genitalorgane. Wenn die Schale zu weich oder unvollkommen ist, kann dies auch auf eine Erschöpfung des Vogels durch Überproduktion hindeuten. Die Kalzium-Reserven sind verbraucht.
B) Bis heute gibt es nur geringe Erkenntnisse über den Grund der Fortpflanzungsstörungen beim weiblichen Vogel. Die möglichen Ursachen für die Fruchtbarkeitsstörungen beim Männchen sollten natürlich auch beim Weibchen überprüft werden (→ Vor- und Nachsorge, Seite 61).
C) Die Anschwellung kann auf Geschwülste und Zysten der Eierstöcke hindeuten. Aber auch ein stark vergrößerter und mit weißlichem Schleim oder Eiter und eventuell Eimassen gefüllter Eileiter (Eileiterentzündung) kann diese Symptome erzeugen.
Ursache kann auch eine Bauchhöhlenentzündung (Eiperitonitis) sein, hervorgerufen durch Eidotter, die durch das Zerreißen des Eileiters in die Bauchhöhle gelangten.

Selbstmaßnahmen

A) Überprüfen Sie Ernährung und Haltungsbedingungen auf ausreichende Versorgung mit Vitaminen und Mineralien, artgerechtes Futter (→ Seite 16), genügend Wärme und Hygiene.
Bringen Sie den Vogel in eine andere Umgebung, damit er aufhört, Eier zu bilden. Reduzieren Sie dabei das Licht.

Wichtig: Durch mangelnde Hygiene können sich Infektionskrankheiten ausbreiten, die die Genitalorgane in Mitleidenschaft ziehen.

B) Achten Sie auf Gesundheit, vitaminreiches Futter und artgerechte und warme Haltung. Zusätzlich sollten Sie für die richtige Beleuchtung sor-

gen. Bei ungenügendem Licht, wie im Winter, setzt die Eireifung nicht ein.
Überprüfen Sie, ob die angebotenen Nistgelegenheiten artgerecht sind.
Zu Fortpflanzungsstörungen → auch Vor- und Nachsorge, Seite 61.

Naturheilmittel

A) Geben Sie dem Vogel 2mal täglich je 1 Tropfen Echinacea compositum, Mucosa compositum und Pulsatilla compositum in den Schnabel.
B) Sie können die Brutbereitschaft durch Ovarium compositum, Carduus compositum und Coenzyme compositum – je 1 Tropfen pro Tag in den Schnabel – fördern.
C) Versuchen Sie eine Therapie mit Galium-Heel, Glyoxal compositum, Ubichinon compositum, Ovarium compositum und Lachesis compositum. Mischen Sie die Heilmittel zu gleichen Teilen und verabreichen Sie davon 2 bis 3 Tropfen pro Tag direkt in den Schnabel.

Bach-Blüten

Durch die Gabe von 2 Tropfen Olive auf 100 ml Trinkwasser können Sie einem durch Überproduktion erschöpften Vogel helfen, wieder Kraft zu sammeln.

Wann zum Therapeuten?

A) Wenn Ihr Vogel wiederholt mißgebildete oder weichschalige Eier legt, sollten Sie ihn wegen der Gefahr einer Legenot bald dem Tierarzt vorstellen.
B) Wenn Sie nicht sicher sind, ob der betreffende Vogel ein Weibchen ist, müssen Sie zur Geschlechtsbestimmung per Blutprobe oder Endoskopie (→ Seite 121) den Tierarzt aufsuchen.
C) Einen Vogel mit geschwollenem Leib sollten Sie immer zwecks Feststellung der Ursache sofort dem Tierarzt vorstellen. Die Heilungschancen stehen nicht gut. In einigen Fällen ist vielleicht eine Operation sinnvoll.

Vor- und Nachsorge

Sorgen Sie für eine artgerechte, hochwertige Ernährung (→ Seite 16) und Haltung (→ Seite 12) sowie strenge Hygiene.
Vermeiden Sie, daß der Vogel fett wird. Halten Sie während der Eireifung und -ablage jeglichen Streß, erhöhte Anstrengungen und Verletzungsgefahr von Ihrem Vogel fern. Beobachten Sie legende Weibchen sehr gut.

Rasse-Dispositionen

Wellensittiche und andere Papageien leiden vermehrt unter Geschwulstbildungen an den Eierstöcken.

Eileitervorfall

Krankheitsbild

Der Eileiter ist ein Stück aus der Kloake herausgepreßt worden. Manchmal enthält er ein mißgebildetes Ei. Durch das lange Pressen ist der Vogel erschöpft.

Ursachen

Meistens ist eine Legenot (→ Seite 100) vorausgegangen.
Aber auch das ständige Pressen in Verbindung mit einer Eileiterentzündung (→ Seite 62) kann zu einem Vorfall des Eileiters führen.

Selbstmaßnahmen

Spülen Sie den vorgefallenen Eileiter mit warmer physiologischer Kochsalzlösung ab, um ihn von anhaftendem Sand, Körnern und Kot zu reinigen. Falls ein Ei enthalten ist, zerdrücken Sie es vorher

und entfernen alles vorsichtig und sorgfältig. Bestreichen Sie das vorgefallene Stück und die Kloake mit Traumeel-Salbe und drücken Sie den Eileiter vorsichtig zurück.
Zur Abklärung der Diagnose sollten Sie unbedingt den Tierarzt aufsuchen.

Naturheilmittel

Geben Sie über 1 Woche je 1 Tropfen Ovarium compositum und Traumeel pro Tag. Zur Stärkung des erschöpften Tieres empfiehlt sich außerdem je 1 Tropfen Carduus compositum und Coenzyme compositum pro Tag.

Bach-Blüten

Zusätzlich helfen 2 Tropfen Rescue auf 50 ml Trinkwasser.

Welche Therapiemaßnahmen beim Therapeuten?

Wenn der Vorfall schon länger besteht und der Eileiter trocken oder sogar abgestorben wirkt, muß das Stück wahrscheinlich vom Tierarzt amputiert werden.

Vor- und Nachsorge

Wärme ist ein wichtiges Hilfsmittel.
Nach einem Eileitervorfall sollten Sie das Weibchen besser nicht mehr zur Zucht verwenden. Es kommt leicht zu Rückfällen.

Mangelnde Brutpflege

Krankheitsbild

Ein oder beide Paarpartner kümmern sich nicht in dem Maße um die Eier und Jungen, wie es ihrer Art entspricht. Sie machen einen unsicheren, überforderten Eindruck. Schon die Belastung des Brutgeschäfts ist manchen Vögeln zu viel. Sie lassen das Nest verwaisen oder fressen gar die eigenen Eier oder Jungen auf.

Ursachen

Die Ursachen sind weitgehend ungeklärt. Man vermutet ein neurotisches Verhalten. Möglicherweise stören auch andere Vögel in derselben Voliere das Brutpaar. Auch Überzüchtung mag eine Rolle spielen.

Selbstmaßnahmen

Sorgen Sie für eine ausreichend warme, ruhige Umgebung des Brutpaares.
Achten Sie auf artgerechtes Futter (→ Seite 20) und artgerechtes Futter (→ Seite 12).
Falls das Brutgeschehen in einer Voliere stattfindet, sollten Sie darauf achten, daß keine Ratten oder Katzen (oder Menschen) das Brutpaar stören.
Falls noch andere Vögel in der Voliere sind, sollten Sie diese für die Dauer der Brut in einen anderen Käfig setzen.

Bach-Blüten

Wenn sich die Eltern nicht genug um das Nest oder die Jungen kümmern oder sie sogar auffressen wollen, brauchen diese die Bach-Blüte Chestnut Bud. Mit Scleranthus – bereits vor Beginn der Brutzeit gegeben – können Sie die natürlichen Instinkte der Vögel bei der Brutpflege fördern. Vogelmütter und -väter, die das erste Mal brüten, verkraften diese Belastungen während und nach der Brut durch die Gabe von Walnut besser.
Geben Sie von jeder Bach-Blüte während der gesamten Brut- und Aufzuchtzeit 2 Tropfen auf 100 ml Trinkwasser.

Erkrankungen an Federn und Haut

Die Haut der Vögel ist wesentlich dünner und empfindlicher als die anderer Tiere. An vielen Stellen, wie an den Flügelspitzen und Ständern, hat sie eine enge Beziehung zum Skelett. Nur an vergleichsweise wenigen Bereichen liegt noch Muskulatur zwischen Haut und Skelett.
Die Haut besteht aus der Oberhaut (Epidermis), der bindegewebigen Lederhaut (Corium) und der Unterhaut (Subcutis) mit Fettzellen. Deutlich sichtbar ist der Unterschied der Haut an befiederten und nicht befiederten Stellen wie den Beinen und Zehen. Hier ist die Epidermis wesentlich dicker als an den vom Federkleid geschützten Körperflächen.
In der Oberhaut und der Lederhaut werden die Federn gebildet.
Die Entstehung der Federn und der Aufbau des gesamten Federkleides ist überaus faszinierend. Erstes Zeichen, daß sich eine Feder entwickelt, ist eine scheibenförmige Verdickung der Oberhaut. Dann bildet sich eine spitze Erhebung, die im weiteren Verlauf in die Haut einsinkt. Der Federfollikel ist entstanden. Er besteht aus Oberhaut und Lederhaut. Im Mark des sich entwickelnden Federkerns befinden sich je eine Arterie und Vene; im Verlauf der Federreifung bildet sich das Mark zurück. Wenn eine noch nicht ausgereifte Feder ausgerissen wird, kommt es daher zu erheblichen Blutungen. Aber auch beim Rupfen ausgewachsener Federn entstehen Blutungen, da die Verbindung der Feder zum Follikel und zur stark durchbluteten sog. Lederhautpapille zerrissen wird.
Zum Bau der Feder und den verschiedenen Federarten → vordere Umschlagseite und Seiten 121–123.

Die meisten Vogelarten wechseln mindestens einmal im Jahr ihr Federkleid; diesen Vorgang nennt man Mauser (→ Seite 75).

Erkrankungen der Haut und Störungen des Federwuchses kann der aufmerksame Tierhalter meist leicht erkennen und entsprechend behandeln.
Zu Federrupfen → Seite 91.

Hautverletzungen

5

Krankheitsbild

Verklebte, teilweise blutverschmierte Federn sind Anzeichen für eine Verletzung der Haut.

Wichtig: Das Tier sollte sofort gründlich untersucht werden, denn schon geringer Blutverlust kann zum Tod führen. Eine Wundinfektion tritt dagegen bei Vögeln selten auf.

Ursachen

Verletzungen können bei in Gruppen gehaltenen Vögeln durch Rangkämpfe oder andere Aggressionen entstehen.
Ungeeignete Käfigeinrichtungen wie Spielzeug, Katzen oder Unfälle beim Freiflug sind ebenfalls mögliche Ursachen.
Crash-Landungen führen zu Verletzungen am Brustbein.

Selbstmaßnahmen

Vögel haben im allgemeinen eine gute Wundheilung. Riß- und Schnittwunden betupfen Sie sofort mit einem in Eisenchlorid getauchten Wattestäbchen, um die Blutung zu stillen. Sie können auch blutstillende Watte verwenden.
Zur Nachbehandlung nehmen Sie Arnica-Tinktur oder Traumeel-Salbe.

● **Naturheilmittel**
Verabreichen Sie dem Vogel 2mal täglich 2 Tropfen Traumeel direkt in den Schnabel, um die Wundheilung zu beschleunigen und den Vogel vor Infektionen zu schützen. Die Behandlung sollte an den folgenden 2 Tagen wiederholt werden.

Wann zum Therapeuten?

Große Wunden müssen vom Tierarzt genäht werden, damit keine kahlen Stellen zurückbleiben. Liegt Knochengewebe offen, müssen chirurgische Maßnahmen erfolgen.

Vor- und Nachsorge

Wenn Sie Vögel neu zusammensetzen, sollten Sie eine Weile beobachten, wie sie sich vertragen. Besser ist es immer, wenn sich die Vögel erst einige Zeit auf Entfernung in getrennten Käfigen kennenlernen können. Selbst unter Vogelgruppen, die als recht friedfertig gelten, wie den Prachtfinken, gibt es ausgesprochen zänkische Arten.
Achten Sie darauf, daß Käfige oder Volieren keine scharfen Kanten oder Spitzen haben, an denen sich Ihre Vögel verletzen könnten.
Katzen sollten nicht ohne Aufsicht an den Käfig kommen dürfen, auch wenn nicht alle Katzen versuchen, Vögel in Käfigen zu fangen!
Bevor Sie Ihren Vogel frei fliegen lassen, sollten Sie die Umgebung genauestens auf Verletzungsgefahren hin überprüfen.

Rote Vogelmilbe

Bei einzeln gehaltenen Stubenvögeln taucht dieser Parasit (→ Seite 123) selten auf, in Volieren ist er dagegen sehr häufig.
Milben gehören zu den Spinnentieren. Sie haben acht Beine und sind sehr beweglich. Die Weibchen legen ihre Eier in Ritzen ab.

Krankheitsbild

Die Vögel sind nachts sehr unruhig. Im fortgeschrittenen Stadium ist die Haut auffallend blaß, die Tiere magern ab und können sogar sterben. Vor allem Nestlinge werden plötzlich tot gefunden. Betroffene Vögel nesteln nervös am Gefieder.
Hängt man nachts den Käfig oder die Voliere mit einem weißen Tuch ringsherum zu, so finden sich am nächsten Morgen bei genauerem Hinsehen wahrscheinlich zahlreiche dunkelrote oder schwarze bewegliche Pünktchen, die sich unter der Lupe als Milben entpuppen.

Wichtig: Während sich ein Befall mit der Roten Vogelmilbe in nächtlicher Unruhe äußert, sind Vögel, die unter der Nordischen Vogelmilbe (→ Seite 69) leiden, tagsüber unruhig.

Ursachen

Die Vögel sind mit der Roten Vogelmilbe befallen. Vor allem in warmen Sommern tritt dieser nachtaktive, etwa 0,6 mm große Parasit massenhaft auf. Er vermehrt sich rasend schnell.
In der Dunkelheit saugt er das Blut der Vögel, bei Tagesanbruch versteckt er sich im Nistmaterial, in Rillen und Ritzen des Käfigs oder der Umgebung.
Manchmal findet man vereinzelte Milben auch unter den Flügeln in der Ellenbogen- und Schulterbeuge.

Selbstmaßnahmen

Säubern Sie so gründlich wie möglich den Käfig oder die Voliere und alle darin enthaltenen Gegenstände mit heißem Wasser, dem Sie am besten noch Soda zufügen. Achten Sie besonders auf alle Holzteile, Ritzen und Rillen. Kontrollieren Sie auch die Umgebung des Käfigs. Wandritzen, Gardinen etc. bieten den Milben gute Verstecke.
Wechseln Sie bei einem Befall auch Bodeneinstreu und Nistmaterial aus.
Sprühen Sie anschließend alles sehr intensiv mit Exner Petguard ein. Dieses Mittel ist vollkommen ungiftig und daher hervorragend geeignet für die Maßnahmen am Vogel selbst und in seiner Umgebung. Die Vögel brauchen bei der Sprühbehandlung nicht aus der Voliere genommen zu werden. Exner Petguard wirkt nicht wie die üblichen Insektizide über Giftstoffe, sondern mechanisch, indem es die Atemwege dieser winzigen Parasiten verklebt. Für Vögel ist es nicht schädlich, sondern hat im Gegenteil noch einen pflegenden Effekt. Auch die Vögel müssen sehr gründlich eingesprüht werden, vor allem auch unter den Flügeln.
Diese Maßnahmen sollten täglich über 10 Tage erfolgen und dann im weiteren Verlauf noch 1mal wöchentlich über mindestens 3 Wochen, um sicher zu gehen, daß auch alle Nachkommen der Milben erwischt wurden.

Wichtig: Benetzen Sie niemals ein Gelege mit dem Mittel. Es würde die Poren der Eier verschließen, worauf die Vogelembryonen ersticken würden.

Zur Regenerierung nach den Blutverlusten sollten Sie den Vögeln 1 ml Plastisan auf 50 ml Trinkwasser über 14 Tage reichen.

- **Naturheilmittel**

Geben Sie den Vögeln zur Unterstützung Carduus compositum und Coenzyme compositum möglichst direkt ein (alle 2 Tage je 2 Tropfen über 1 Woche) oder ins Trinkwasser (je 5 Tropfen auf 10 ml).

Wann zum Therapeuten?

Sollte Ihre Sprühbehandlung allen Erfahrungen zum Trotz keine ausreichende Wirkung zeigen, müssen Sie sich ein für Vögel geeignetes Insektizid geben lassen.

Wichtig: Viele der handelsüblichen Schädlingsbekämpfungsmittel sind für empfindliche Vogelarten hochgiftig. Lassen Sie sich nicht dazu verleiten, ohne Rücksprache mit einem Tierarzt solche Mittel einzusetzen. Es nützt Ihnen nichts, wenn zwar die Parasiten schneller ausgerottet sind, aber die Vögel schwere Leberschäden davontragen oder ebenfalls sterben.

Vor- und Nachsorge

Kontrollieren Sie Käfig, Volieren, Nester und alle Einrichtungsgegenstände regelmäßig auf Milben.
Wechseln Sie nach der Aufzucht das Nistmaterial aus.
Beobachten Sie, ob die Vögel nachts unruhig werden. Machen Sie ab und zu (auch nach der Behandlung) die Probe mit dem weißen Tuch (→ oben).

Grabmilben

Ein Befall mit Grabmilben ist auch unter »Schnabelräude«, »Schnabelschwamm« und »Kalkbeine« bekannt.

Krankheitsbild

Grauweiße, poröse, schwammähnliche Wucherungen ziehen sich über Schnabelansatz, Nase und

Augenbereich. Auffällig sind unzählige, winzige Bohrlöcher, die der Erkrankung die Bezeichnung »Schnabelschwamm« gegeben haben.
Auch die Ständer, Füße und die Kloake können mit kalkigen porösen Massen bedeckt sein (Kalkbeine). In weit fortgeschrittenen, schweren Fällen können sich diese krustigen Auflagerungen über den ganzen Körper ziehen.
Sie lassen sich leicht entfernen.
Die Haut ist verdickt und die von den Grabmilben gefressenen Gänge (die kleinen Bohrlöcher) sind deutlich zu erkennen.
Die Vögel jucken und scheuern sich, reißen sich Federn aus und fügen sich mit dem Schnabel selbst Verletzungen zu. An befallenen Hautbezirken sind die Federn meist verschwunden.
Am Schnabel bleiben oft Deformationen zurück.

Ursache

Verursacher der Wucherungen am Schnabel ist die Grabmilbe *Cnemidocoptes pilae*.
Die sog. Kalkbeine werden von einer verwandten Art, der Grabmilbe *Cnemidocoptes mutans*, verursacht.
Die ca. 0,4 mm große Milbe frißt Gänge in die obere Haut, befällt aber auch Federfollikel. Sie verbringt ihren gesamten Lebenszyklus auf dem Vogelwirt. Die Grabmilben werden von den Altvögeln auf die Nestlinge übertragen.
Die Erkrankung bricht im allgemeinen in Zusammenhang mit einer verminderten Widerstandskraft oder anderen Infektionen aus. Auch schlechte Haltungsbedingungen können dafür verantwortlich sein.

Selbstmaßnahmen

Die Auflagerungen auf der Haut werden mit Glycerin aufgeweicht und vorsichtig entfernt. Dann folgt eine tägliche gründliche Sprühbehandlung mit Exner Petguard über 1 bis 2 Wochen. Das Mittel kann auch aufgetupft werden. Wichtig ist eine völlige Durchnässung der betroffenen Bereiche. Geben Sie außerdem unterstützend ein gutes Multivitaminpräparat mit ausreichendem Vitamin-A-Anteil über das Trinkwasser.

● Naturheilmittel

Um die Widerstandskräfte zu stärken, mischen Sie Carduus compositum, Coenzyme compositum und Cutis compositum zu gleichen Teilen und geben dem Vogel davon 2 Tropfen täglich über 5 Tage per os. Wiederholen Sie diese Therapie noch einmal nach 1 Woche und nach weiteren 2 Wochen.

● Bach-Blüten

Verabreichen Sie täglich 1 Tropfen Crab Apple im Trinkwasser.

Wann zum Therapeuten?

Wenn das Allgemeinbefinden gestört ist und Ihre Behandlung innerhalb von 3 bis 4 Tagen keine Besserung zeigt, sollten Sie mit Ihrem Vogel den Tierarzt aufsuchen.

Vor- und Nachsorge

Sorgen Sie für artgerechte Haltung und Ernährung (→ Seiten 12 und 16). Achten Sie dabei auch auf genügend Grünfutter, Möhren und Obst.
Sprühen Sie den Vogel vorsorglich einmal wöchentlich mit Exner Petguard ein.

Rasse-Dispositionen

Schnabelschwamm findet man vor allem bei Wellensittichen und (seltener) bei anderen Papageien. Betroffen sind oft junge Vögel.
Singvögel wie Kanarienvögel und Prachtfinken leiden häufig unter Kalkbeinen.

Weitere Ektoparasiten

Weitere Ektoparasiten auf Haut und Federn sind Hautmilben, Federmilben, Federspulmilben, Federlinge, Läuse Lausfliegen und Zecken.
In Wohnungen gehaltene Vögel kommen viel seltener mit solchen Schädlingen in Berührung als Tiere, die in Freivolieren leben oder deren Käfig nach draußen gestellt wird. (Das soll aber nicht grundsätzlich gegen den Aufenthalt im Freien sprechen!)
Gefährdete Vögel sollten regelmäßig genau beobachtet werden und bei Verdacht gründlich auf Befall mit Ektoparasiten untersucht werden. Milben können Infektionskrankheiten übertragen.

Krankheitsbild und Ursachen

Die meisten dieser Parasiten lassen sich schon mit dem bloßen Auge erkennen, wenn Sie die Federn und die Haut – vor allem auch unter den Flügeln – inspizieren. Fast immer sieht das Federkleid zerrupft oder ungepflegt aus, die Vögel sind unruhig, putzen sich übermäßig und reißen sich auch Federn aus.

A) Neben der Roten Vogelmilbe (→ Seite 66) kommen noch weitere Arten von Hautmilben vor allem bei vielen Singvögeln vor. Das Federkleid ist zerrupft, die Haut entzündet, die Vögel sind auch tagsüber unruhig. Manche Milben, wie die Nordische Vogelmilbe, verursachen Blutarmut. Einige Milben verbergen sich unter kleinen weißen Gespinsten.
Zum Unterschied zwischen Roter und Nordischer Vogelmilbe → Seite 66.
B) Federmilben parasitieren an den Federschäften der Schwung- und Steuerfedern. Die Weibchen legen die Eier an den Schäften ab. Die daraus schlüpfenden Nymphen fressen dort.

C) Federspulmilben oder Federbalgmilben nisten sich in der Federspule der Flügel- und Schwanzfedern ein, was Entzündungen hervorruft. Die Federn fallen aus, brechen ab oder bleiben unterentwickelt. Der Federkiel ist mit einer pudrigen Masse gefüllt.
Manchmal zeigen sich auch tumor- oder zystenartige Gebilde in der Haut, in denen nach Eröffnen die Milben und zerstörte Federteile zu finden sind.
D) Federlinge sind die häufigsten Parasiten an der Feder. Sie ernähren sich im allgemeinen von Hautschuppen und vom Keratin der Federn, einige Arten nehmen auch Blut auf. Bei starkem Befall sind die Federn zerrupft und abgenagt.
Wahrscheinlich durch Reizung der sensiblen Fadenfedern (→ Seite 121) rufen Federlinge starken Juckreiz hervor. Die Vögel sind sehr unruhig. Bei genauerem Hinsehen findet man an den Federn die braunen, 1 bis 3 mm langen Federlinge und die aschgrauen Eigelege.
E) Lausfliegen und Läuse können meist vom Vogel selbst durch seine ausgiebige Federpflege in Schach gehalten werden. Sie irritieren die Vögel aber stark und können andere Krankheiten übertragen. Bereits geschwächten Tieren können vor allem die blutsaugenden Lausfliegen gefährlich werden.
F) Zecken gelangen zwar selten auf in Gefangenschaft gehaltene Vögel, können aber durch Gift, das sie beim Biß ausschütten, bei kleineren Arten tödliche Blutergüsse hervorrufen.

Die Ziervögel können sich die Parasiten aufschnappen durch Kontakt mit Wildvögeln oder Aufenthalt im Freien. Neuerwerbungen können bereits befallen sein.

Selbstmaßnahmen

Falls Sie mehrere Vögel halten und nicht alle die gleichen Symptome zeigen, sollten Sie sofort be-

5

fallene Vögel von den anderen trennen. Inspizieren Sie die Vögel genau. Größere Parasiten können Sie absammeln, Zecken vorsichtig herausdrehen.
Sprühen Sie über 3 Wochen täglich Federkleid und Haut des Vogels vollständig mit Exner Petguard ein. Reinigen Sie auch gründlich die Voliere bzw. den Käfig einschließlich aller Einrichtungsgegenstände und wechseln Sie Einstreu und Nistmaterial. Anschließend sollten Sie auch die Voliere gründlich einsprühen.
Geben Sie den Vögeln zum Aufbau über 14 Tage 1 ml Plastisan auf 50 ml Trinkwasser.

Wichtig: Größere Parasiten wie Zecken sollten manuell entfernt werden, denn bei ihnen wirkt Exner Petguard nicht mehr ausreichend.

● **Naturheilmittel**
Verabreichen Sie den befallenen Vögeln alle 3 Tage je 1 Tropfen Carduus compositum, Coenzyme compositum und Cutis compositum per os.

Wann zum Therapeuten?

Falls trotz Ihrer Behandlung der Parasitenbefall nicht ganz zurückgeht, sollten Sie zum Tierarzt gehen.

Welche Therapiemaßnahmen beim Therapeuten?

Der Tierarzt wird Ihnen ein sicher vogelverträgliches Insektizid geben. Haben Sie Federbalgzysten entdeckt, wird er diese ausräumen.

Vor- und Nachsorge

Beobachten Sie ihre Vögel regelmäßig ausgiebig. Wenn Sie einen neuen Vogel erworben haben, sollten Sie diesen nach einer gründlichen Untersuchung erst für mindestens 2 Wochen separat in »Quarantäne« halten.
Sprühen Sie die Vögel und ihre Behausung in regelmäßigen Abständen vorsorglich mit Exner Petguard ein.
Achten Sie unbedingt auf Hygiene. Milben können auch den Menschen befallen.

Ekzeme

Viele Ursachen für Hauterkrankungen lassen sich für den Laien nur schwer diagnostizieren. So beispielsweise die Ekzeme.
Betroffen sind Kopf, Hals und Rumpf der Vögel.

Krankheitsbild

Die Haut ist häufig etwas verdickt, befallene Stellen sind nicht klar umgrenzt. Die Oberfläche der Hautbezirke näßt oft und ist himbeerrot gefärbt. Auflagerungen oder Krusten können entstehen. Örtlich ist Federausfall zu beobachten. Der Vogel knabbert oder kratzt an den juckenden Stellen.
Manchmal tritt gleichzeitig leichter Durchfall auf.

Ursachen

Stoffwechselentgleisungen oder Störungen der Leber oder Niere sind häufig die Ursachen von Ekzemen. Über die Haut werden dann harnpflichtige Stoffe und andere Stoffwechselprodukte ausgeschieden.
Aber auch unsauberes Trinkwasser oder verschmutzte Futtergefäße sowie verdorbenes Futter und falsche Futterzusammenstellung können Ekzeme auslösen.

Selbstmaßnahmen

Geben Sie einen Vitamin-A-Zusatz ins Trinkwasser. Eine örtliche Behandlung der erkrankten Haut ist nicht ratsam, da dadurch diese Stellen nur zusätzlich gereizt würden.

Wichtig: Verwenden Sie niemals Hautsalben oder Lotionen, die Sie selbst für Ekzeme oder ähnliches verschrieben bekommen haben. Viele enthalten Zusatzstoffe, die hochgiftig für Vögel sind.

- **Naturheilmittel**

Ekzeme heilen im allgemeinen schnell ab mit Traumeel, Cutis compositum, Carduus compositum und Coenzyme compositum; geben Sie davon über 2 Wochen täglich je 1 Tropfen per os.
Sollte nach 3 bis 4 Tagen keine Besserung eintreten, wechseln Sie zu Psorinoheel, Carduus compositum und Coenzyme compositum, die Sie gleich dosieren.
Ist die Haut mit derben Bläschen übersät, sollten Sie Bufo-Injeel anwenden, ebenfalls 1 Tropfen täglich über 2 Wochen.

- **Bach-Blüten**

Zusätzlich sollten Sie täglich 1 Tropfen Crab Apple ins Trinkwasser geben.

Wann zum Therapeuten?

Verschwinden die Merkmale trotz Behandlung nicht nach 1 Woche, ist der Tierarzt um Rat zu fragen. Sie sollten allerdings sofort zum Veterinär gehen, wenn der Allgemeinzustand schlecht ist.

Vor- und Nachsorge

Eine artgerechte Ernährung mit ausreichendem Vitamin-A-Anteil ist ein wesentlicher Beitrag zur Vorsorge. Das Futter und die Futtergefäße müssen in einwandfreiem Zustand sein.
Schützen Sie Ihren Vogel auch vor der Aufnahme anderer Giftstoffe.

Pilzerkrankungen der Haut

Falls Sie bei Ihrem Vogel Hautveränderungen entdecken, die allen Behandlungsversuchen widerstehen, sollten Sie eine Pilzerkrankung in Erwägung ziehen, insbesondere dann, wenn noch Störungen der Atemwege auftauchen.

Krankheitsbild

Auf der Haut sind runde, abgegrenzte, schuppige Bezirke zu sehen, die Veränderungen erscheinen flächig. Die Haut in der Umgebung ist intakt. Der Randbezirk sieht bräunlich-weiß aus, während das Zentrum grau-weiß verändert ist.
Die Hautveränderungen können allerdings – je nach Art des Pilzes – auch andere Formen annehmen.

Ursachen

Verursacher dieser Hautveränderungen können Pilze oder Hefen sein. Es kommen über zehn verschiedene Arten in Frage – mit unterschiedlichen Krankheitsbildern.
Pilze haben vor allem dann eine Chance sich anzusiedeln, wenn das Tier in seiner Widerstandskraft geschwächt ist oder wenn die Haut schon vorgeschädigt ist, etwa durch Milbenbefall.

Wichtig: Sollten gleichzeitig Symptome einer Atemwegserkrankung auftauchen, ist höchste Alarmstufe gegeben. Pilze können auch die Atemorgane befallen, und das ist lebensbedrohlich.

Selbstmaßnahmen

Betupfen Sie die befallenen Hautpartien mittels eines Wattestäbchens täglich über 2 Wochen mit Jodglycerin 1:5 oder mit Teebaumöl.

Fügen Sie dem Trinkwasser zusätzliche Vitamine zu, vor allem ausreichend Vitamin A.

Naturheilmittel

Unterstützen Sie die Heilung mit Sulfur-Injeel forte und Natrium-Homaccord; verabreichen Sie beide Mittel im Wechsel über 1 Woche (1 Tropfen täglich direkt in den Schnabel) – an einem Tag Sulfur, am nächsten Natrium. Anschließend geben Sie am 7. Tag und am 14. Tag nach dieser Behandlung beide Präparate noch einmal.

Wann zum Therapeuten?

Wenn das Allgemeinbefinden des Vogels schlecht ist, wenn Sie zusätzlich eine Erkrankung der Atemwege vermuten oder wenn die Hautveränderungen trotz Behandlung nicht innerhalb weniger Tage besser werden, suchen Sie den Tierarzt auf.

Vor- und Nachsorge

Überprüfen Sie, ob Haltungs- und Ernährungsbedingungen optimal sind und stellen Sie eine ausreichende Versorgung mit Vitamin A sicher.

Kammgrind

Die Erkrankung wird auch Favus genannt.

Krankheitsbild

Auf dem Oberkopf, besonders um die Federkiele herum, bildet sich ein weißer, schimmelähnlicher Belag in Form von Flecken und Borken. Betroffen ist auch oft das Gesicht.
Der Prozeß dringt in die Federfollikel ein und führt zu Federausfall. Der Vogel magert ab.

Ursachen

Kammgrind wird durch den Pilz *Trichophyton* hervorgerufen. Die Pilze werden durch direkte Berührung und über die Luft übertragén.

Selbstmaßnahmen

Isolieren Sie den befallenen Vogel. Käfig und Einrichtung werden gründlich abgewaschen.
Behandeln Sie die erkrankten Stellen täglich gründlich mit Jodglycerin 1:5.
Sorgen Sie für ausreichende Vitaminzufuhr und optimale Haltungsbedingungen.
Geben Sie außerdem über das Trinkwasser 2 Wochen lang Plastisan (1 ml auf 100 ml Wasser).

Naturheilmittel

Zusätzlich ist die orale Gabe von Carduus compositum, Coenzyme compositum und Cutis compositum erforderlich. Mischen Sie die Heilmittel zu gleichen Teilen und geben Sie davon über 2 bis 3 Wochen pro Tag 2 bis 3 Tropfen.

Wann zum Therapeuten?

Wenn nach 5 Tagen keine Besserung eintritt, sollten Sie zum Tierarzt gehen.

Vor- und Nachsorge

Nicht artgerechte Fütterung und Haltung können die Abwehrkräfte Ihrer Vögel schwächen; Pilze und damit auch Favus haben dann leichtes Spiel. Achten Sie auf optimale Haltungsbedingungen (→ Seite 12).

Rasse-Dispositionen

Abgesehen von Hühnervögeln ist die Krankheit bei Kanarienvögeln und einigen anderen Ziervögeln beobachtet worden.

Warzen

Krankheitsbild

Zu sehen sind erhabene, abgegrenzte, tellerförmige oder gestielte Hautzubildungen mit höckriger und trockener Oberfläche. Sie sind häufig an Augenlidern und im Schnabelwinkel, aber auch in der Kloake zu finden.

Ursachen

Diese Hautveränderungen sind wahrscheinlich Warzen bzw. gutartige Hautgeschwülste, die vom Papillomavirus hervorgerufen werden.
Die Krankheit bricht unter Streß oder nach kleinen Hautverletzungen aus.

Selbstmaßnahmen

Wichtig: Versuchen Sie keinesfalls, diese Zubildungen zu entfernen. Es kommt dabei zu starken Blutungen mit hohem Blutverlust, der tödlich sein kann.

● **Naturheilmittel**
Geben Sie täglich über einen längeren Zeitraum möglichst per os 1 bis 2 Tropfen Thuja-Injeel; dies führt zum Eintrocknen der Warzen. Die Hautzubildungen fallen dann ab.

Wann zum Therapeuten?

Sollten sich nach 2 Wochen keine Änderungen zeigen, ist der Tierarzt gefragt.

Welche Therapiemaßnahmen beim Therapeuten?

Er kann die Zubildungen mit Laser oder Elektrochirurgie entfernen.

Vor- und Nachsorge

Vermeiden Sie Streßsituationen für Ihren Vogel.

Rasse-Dispositionen

Diese Hautzubildungen sind vergleichsweise öfter bei Graupapageien, Aras und Amazonen gefunden worden.

Xanthomatose

Krankheitsbild

Die Haut ist stellenweise geschwulstartig verändert, hochgradig verdickt, ockergelb verfärbt, von meist brüchiger Beschaffenheit und kräftig durchblutet. Die Vögel picken diese Hautveränderungen (Xanthome) häufig auf, mit der Folge lebensgefährlicher Blutungen.

Ursachen

Die Ursachen für diese geschwulstartigen Hautveränderungen sind bis heute nicht eindeutig geklärt.

Selbstmaßnahmen

Stillen Sie Blutungen sofort mit einem in Eisenchlorid getauchten Wattestäbchen (→ Seite 96).
Selbstmaßnahmen stellen bei dieser Erkrankung immer nur eine Begleittherapie zur Behandlung des Tierarztes dar.

● **Naturheilmittel**
Eine begleitende Therapie kann versucht werden mit Lymphomyosot und Sulfur-Injeel. Mischen Sie die Heilmittel zu gleichen Teilen und geben Sie davon 2 Tropfen pro Tag per os.

Wann zum Therapeuten?

Diese Hautveränderungen sollten Sie sofort dem Tierarzt vorstellen. Vielleicht ist eine operative Entfernung möglich.

Rasse-Dispositionen

Bei Wellensittichen und Kakadus sind diese Veränderungen öfter gefunden worden.

Pocken

Viele Vogelarten können von Pocken befallen werden, darunter Kanarienvögel, andere Finken und Papageien. Allein bei den Papageien gibt es drei verschiedene Arten des Virus – für Agaporniden, Amazonen und Wellensittiche.
Viele infizierte Tiere sterben. Aber bei rechtzeitiger Heilbehandlung gibt es Überlebenschancen.
Die Pockenvirusinfektion tritt in zwei verschiedenen Formen auf, je nachdem, ob die Haut oder Schleimhäute betroffen sind.
Die Seuche bricht vor allem im Herbst aus.

Krankheitsbild

Kennzeichen von Pocken sind schwere Veränderungen auf Haut und Schleimhäuten.
Bei der Hautform zeigen sich anfangs flache, später erhabene Knötchen, meist erst am Auge, an der Nase, im Schnabelwinkel und an den Ständern. Die Pocken können sich zu schorfigen Wucherungen ausweiten. Wenn keine weiteren Infektionen dazukommen, können die Pocken in einigen Wochen abheilen.

Wichtig: Bei schwer heilenden Wunden sollte man immer auch an Pocken denken.

Bei der Schleimhautform oder Diphtherie sind die Schleimhäute der Schnabelhöhle und des Rachens stark gerötet, entzündet und zeigen dicke weißliche Auflagerungen, die sich schnell ausdehnen. Ist auch die Lunge betroffen, spricht man von der »Schnappkrankheit«. Die Tiere haben Probleme beim Schlucken und leiden (bei der Lungenform) unter großer Atemnot, oft kommen Entzündungen der Augen sowie Nasenkatarrh hinzu.
Die Heilungschancen sind bei der Schleimhautform deutlich schlechter.

Ursachen

Hervorgerufen wird die Krankheit durch das Pockenvirus. Die Ansteckung erfolgt durch direkten Kontakt, über verseuchtes Trinkwasser, Futter, Staub oder blutsaugende Parasiten und Insekten wie Milben, Lausfliegen oder Mücken.
Die Ansteckungszeit kann 4 bis 16 Tage betragen.

Selbstmaßnahmen

Wärme und hohe Vitamin-A-Gaben sind wichtig, um die Abwehrkräfte zu steigern. Halten Sie mehrere Vögel, müssen Sie erkrankte Tiere sofort isolieren, denn die Seuche ist hochansteckend.

Wichtig: Bei der Schleimhautform müssen Sie dafür sorgen, daß die Vögel genügend Wasser und (flüssige) Nahrung aufnehmen.

Naturheilmittel

Begleitend zur Therapie des Tierarztes können Sie je 1 Tropfen Engystol und Mucosa compositum täglich per os über 2 bis 3 Wochen geben.

Bach-Blüten

Zur Stärkung der Widerstandskraft verabreichen Sie täglich je 1 Tropfen Crab Apple und Centaury ins Trinkwasser.

Wann zum Therapeuten?

Pockeninfizierte Vögel sollten Sie auf jeden Fall dem Tierarzt vorstellen.

Welche Therapiemaßnahmen beim Therapeuten?

Der Tierarzt kann durch eine Notimpfung manchmal noch Kanarienvögel und andere Finken retten. Für Papageien gibt es jedoch keinen geeigneten Impfstoff.

Vor- und Nachsorge

Größere Kanarien- und Finkenbestände sollten jedes Jahr im Juni oder Juli geimpft werden.
Erkrankte Vögel müssen nach der Heilung noch mindestens 6 Wochen in Quarantäne bleiben.

Mauserstörungen

Die Mauser ist keine Krankheit, sondern ein natürlicher Vorgang im Leben eines Vogels. Dabei werden die alten durch neu nachwachsende Federn ersetzt. Dies ist sehr sinnvoll, denn das Gefieder hat sich mit der Zeit abgenutzt oder ist beschädigt worden. Bei den meisten Vogelarten findet die Mauser einmal im Jahr statt, gewöhnlich nach der Brutzeit im Spätsommer oder Frühherbst. Manche Arten mausern auch zwei- bis dreimal im Jahr, andere, wie einige Papageien, wechseln das ganze Jahr über immer wieder Teile ihres Federkleides aus. Einige große Papageien benötigen dagegen bis zu 2 Jahre für einen kompletten Mauserzyklus. Zu Beginn der Brutzeit legen einige Arten ein spezielles Hochzeitskleid an.
Einfluß auf die Mauser haben die Änderung der Tageslänge, die Temperatur, Hormone der Schilddrüse und Sexualhormone. Auch Streß kann den Ablauf des Federwechsels beeinflussen.
Der Vogel verliert während der Mauser nie alle Federn gleichzeitig. Die Schwung- und Schwanzfedern werden nach und nach über einen Zeitraum von 2 bis 3 Wochen seitengleich ausgetauscht. Auch das übrige Gefieder wird kontinuierlich vermausert. Bei einem normalen Federwechsel zeigen sich keine kahlen Stellen, der Vogel bleibt flugtauglich. Es kann aber Unsicherheiten beim Fliegen geben mit erhöhter Unfallgefahr.
Der Austausch der Federn vollzieht sich unblutig. Aber die sich neu entwickelnden Federn sind erst noch durch Arterien und Venen in ihrem Kiel versorgt, bis sich im Laufe der Federreifung das Mark zurückbildet. Allmählich platzt während des Wachstums die Federscheide auf und gibt die Federäste und Strahlen frei.
Auch wenn außerhalb der natürlichen Mauser Federn zerstört oder ausgerissen wurden, kann der Vogel sie ersetzen. Voraussetzung ist allerdings, daß die komplette Feder einschließlich der Spule vorher entfernt wurde. Der Schaft darf nicht abgebrochen im Follikel bleiben.
Normalerweise beeinträchtigt die Mauser das Allgemeinbefinden des gesunden Vogels kaum. Allerdings stellt sie an den Körper hohe Anforderungen. Der Vogel zeigt daher meist ein gesteigertes Schlafbedürfnis. Der Aufbau der neuen Federn führt zu einer vorübergehenden Entmineralisierung der Knochen und damit zu einer erhöhten Gefahr für Knochenbrüche.

Aber im Zusammenhang mit der Mauser können auch viele Störungen auftreten.

Krankheitsbild

A) Die Federn fallen aus, wachsen aber überhaupt nicht, nur unvollkommen oder mißgebildet nach (Stockmauser). Die mißgebildeten Federfahnen stecken manchmal noch halb in ihren Scheiden und öffnen sich darüber pinselförmig. Kahle Stellen entstehen.

Eventuell ist auch das Allgemeinbefinden gestört. Manche Vögel versuchen, die in ihren Federscheiden steckengebliebenen neuen Federn zu öffnen und verursachen dabei erhebliche Blutungen (Blutkiele).

B) Die neuen Federn wachsen in veränderter Farbe nach. Vorher graue Federn sind jetzt rötlich oder rosafarben, statt Dunkelbraun oder Grün findet man jetzt Schwarz.

Kahle Stellen entstehen vor allem am Bauch, auch Ekzeme kommen vor. Teilweise ist das Federwachstum verzögert.

Die Federspitzen oder Teile des Federkleides können auch schwarz werden.

C) Der Vogel verliert auf beiden Seiten symmetrisch Federn. Außerdem kommt es zu Wachstumsstörungen der Federn, Federanomalien und schwarzgefärbten Spitzen. Manchmal wird das gesamte Gefieder dunenartig.

D) Federn fallen aus, das Gefieder ist glanzlos. Das Allgemeinbefinden ist ungestört.

E) Die Federn am ganzen Körper fallen aus oder brechen ab. Gefiederfarben verblassen. Gleichzeitig wird der Schnabel weich und verformt sich.

Wichtig: Im Gegensatz zum Federrupfer (→ Seite 91) ist der Kopf hier mitbetroffen!

Ursachen

A) Häufig ist die Ursache dafür in einem Mangel an Vitaminen, Mineralstoffen und Aminosäuren zu suchen. Da die Mauser meist nach der ebenfalls anstrengenden Brutzeit einsetzt, geraten die Vögel schnell in eine Mangelsituation. Gefährdet sind vor allem nicht artgerecht gefütterte Vögel, wie viele Großsittiche und Papageien, die in freier Wildbahn auch tierisches Eiweiß aufnehmen.

Auch Haltungsfehler, etwa zu enge Käfige, kommen als Ursache in Frage.

B) Hinter diesen Gefiederverfärbungen stecken andere Grunderkrankungen, etwa eine Leberschädigung. Diese kann z.B. durch verschimmeltes Futter verursacht werden oder durch Fütterung zu vieler fetthaltiger Sämereien. Beispielsweise bekommen Papageienamadinen durch Hanf fast ausnahmslos Leberschäden.

Auch mangelnde Bewegung und fehlendes direktes Sonnenlicht können die Veränderungen in der Gefiederfarbe hervorrufen.

Nierenerkrankungen gehen ebenfalls mit Federverlusten, Wuchsstörungen und Ekzemen einher, allerdings meist ohne die typischen Verfärbungen.

C) Wahrscheinlich ist eine Schilddrüsenunterfunktion verantwortlich für diese Symptome.

D) Störungen des Sexualhormonhaushaltes zeigen sich oft in diesen Gefiederveränderungen. Meist sind ältere Vögel betroffen.

E) Die Ursache für dieses Problem ist meist das sog. Federverlustsyndrom oder Schnabelnekrose (PBFD – Psittacine Beak and Feather Disease). Erreger ist ein Circovirus, das in über 35 Papageienarten gefunden worden ist. Viele Vögel sind Träger des Virus, ohne zu erkranken. Erst wenn das Immunsystem geschwächt ist, bricht die Krankheit aus. Dann endet sie aber meist tödlich.

Es ist nur von Unzertrennlichen bekannt, daß sie PBFD überlebt haben und nach völliger Nacktheit einige Monate später wieder normal befiedert waren.

Selbstmaßnahmen

A) Geben Sie eine möglichst komplette und vielseitige Nahrung. Fügen Sie über mehrere Wochen zusätzlich Vitamine, Mineralien und Aminosäuren zu. Achten Sie auf einen ausreichend großen Käfig!

Blutungen können Sie mit Eisenchlorid stillen. Notfalls entfernen Sie die blutenden Federkiele und drücken den Follikel zusammen.

Außerdem sollten Sie das Trinkwasser in den nächsten 3 Wochen mit 1 ml Plastisan auf 50 ml Wasser anreichern.
B) Überprüfen Sie das Futter, ob es verdorben oder schimmelig ist. Lassen Sie Erdnüsse weg, diese sind fast immer verschimmelt.
Streichen Sie Hanf und andere zu fetthaltige Sämereien vom Speiseplan. Geben Sie viele Vitamine, Grünfutter und Obst.
(→ auch Lebererkrankungen, Seite 55, und Nierenerkrankungen, Seite 57.)
C) Der Vogel sollte Vitamine und zusätzlich Jod über das Trinkwasser (1 Tropfen auf 25 ml Wasser) erhalten. Sorgen Sie für ausreichende Bewegung.
D) Geben Sie zusätzlich Vitamine und achten Sie darauf, daß der Vogel genügend Licht und Sonne erhält.
E) Die Heilungschancen sind bei anderen Vogelarten als den Unzertrennlichen schlecht. Wenn Sie es dennoch versuchen wollen, sorgen Sie für optimale Haltungsbedingungen mit viel Frischluft, Sonne und Bewegung sowie für ein vollwertiges Futterangebot mit hohen Multivitamin-Zusätzen. Kontrollieren Sie Schnabel und Krallen darauf, ob sie weich werden. Eventuell müssen Sie flüssige Nahrung verabreichen.

Naturheilmittel

A) Geben Sie 14 Tage lang von Carduus compositum, Coenzyme compositum und Cutis compositum je 1 Tropfen täglich in den Schnabel; zusammen mit den oben beschriebenen Maßnahmen führt dies meist zur Heilung.
Alternativ kann bei der Stockmauser auch eine Therapie mit Natrium muriaticum D6, Calcium fluoratum D12 und Silicea D12 eingesetzt werden. Geben Sie je 1 Tropfen täglich.
B) Versuchen Sie über 4 Wochen eine Behandlung mit Carduus compositum, Coenzyme compositum, Cutis compositum und Cerebrum compositum, je 1 Tropfen alle 2 Tage.
C) Unterstützend verabreichen Sie 3mal wöchentlich 2 Tropfen Thyreoidea compositum; an den dazwischenliegenden Tagen bekommt der Vogel 1 Tropfen Calcium jodatum D12.
D) Geben Sie zur Einleitung der Mauser über 1 Woche täglich je 1 Tropfen Ovarium compositum, Hormeel und Cerebrum compositum. Danach verabreichen Sie über weitere 2 Wochen Carduus compositum, Coenzyme compositum und Cutis compositum – entweder 1 ml der Mischung ins Trinkwasser oder je 1 Tropfen direkt in den Schnabel eingeben.
E) Versuchen Sie eine Heilung mit Engystol und Coenzyme compositum. Geben Sie in der 1. Woche täglich, in der 2. Woche alle 2 Tage und anschließend 1mal wöchentlich je 1 Tropfen.

Bachblüten

E) Der Unterstützung dienen die Bach-Blüten Olive, Hornbeam und Agrimony sowie Wild Rose. Geben Sie je 1 Tropfen auf ca. 30 bis 50 ml Trinkwasser über mehrere Wochen.

In allen anderen Fällen von Federwuchsstörungen, Juckreiz und Federrupfen sollten Sie zusätzlich die Bach-Blüten Agrimony, Hornbeam, Impatiens, Crab Apple und Mustard geben (täglich je 1 Tropfen ins Trinkwasser).

Wann zum Therapeuten?

Wenn Ihr Vogel nicht innerhalb weniger Tage auf Ihre Behandlung anspricht, sollten Sie den Tierarzt zu Rate ziehen.

Vor- und Nachsorge

Achten Sie auf Feuchtigkeit und Wärme, diese fördern die Mauser. Wellensittiche benötigen beispielsweise eine relative Luftfeuchtigkeit von 60 % für einen guten Mauserzyklus.

Es ist sehr wichtig, schon während der Brutzeit oder bei nichtbrütenden Vögeln mit Beginn der Mauser eine optimale Versorgung zu bieten, die eine komplette, vielseitige Nahrung, zusätzliche Vitamine und Mineralstoffe sowie genügend Licht und Bewegung beinhaltet, um Mangelerkrankungen auszuschließen.

Rasse-Dispositionen

Mauserprobleme tauchen grundsätzlich bei allen Arten auf. Über das gefährliche Federverlustsyndrom (PBFD → Seite 123) ist nur bei Papageien berichtet worden.

Schreckmauser

Krankheitsbild

Der Vogel verliert plötzlich im Augenblick großer Angst oder großen Schreckens viele Federn, darunter meist die großen Schwanzfedern.

Ursachen

Dieses plötzliche Abwerfen großer Federmengen in Streßsituationen deutet man als einen Schutzmechanismus gegen natürliche Feinde, der den gefährdeten Vögeln das Leben retten kann. Da die Federn an den Flügeln davon nicht betroffen sind, bleiben die Vögel flugfähig. Die Federn wachsen bald nach.

Selbstmaßnahmen

- **Bach-Blüten**

Die Bach-Blüten Rock Rose, Mimulus und Beech, eventuell auch die Rescue-Tropfen, können dem Vogel helfen, seine Angst zu überwinden. Geben Sie je 1 Tropfen täglich ins Trinkwasser.

Französische Mauser

Diese Krankheit ist in manchen Zuchten ein Problem. Sie wird auch Renner- oder Hopserkrankheit genannt.

Krankheitsbild

Die Jungvögel verlieren plötzlich wieder ihre Schwanz- und Schwungfedern, kurz bevor sie das Nest verlassen. Sie werden damit flugunfähig und treffend als »Renner«, »Hopser« oder »Infanteristen« bezeichnet. Ihr Allgemeinbefinden ist ungestört. Manchmal wachsen die Federn nach, in anderen Fällen bleiben die Vögel zeitlebens flugunfähig.

Ursachen

Die Ursachen sind bis heute nicht abgeklärt. Diskutiert werden äußere oder fütterungsbedingte Einflüsse, erbliche Faktoren, Viren oder eine Kombination aus allem.

Selbstmaßnahmen

Gegen die Französische Mauser können Sie nur vorbeugend etwas unternehmen.

Vor- und Nachsorge

Achten Sie auf eine ausgewogene, abwechslungsreiche Fütterung (→ Seite 16) und auf optimale Haltungsbedingungen (→ Seite 12). Lassen Sie Ihren Vogel nicht häufiger als zweimal im Jahr brüten.

Rasse-Dispositionen

Zu Rennern können sich junge Wellensittiche und andere kleine Sitticharten entwickeln.

Bürzeldrüsenerkrankung

Die Bürzeldrüse befindet sich vor dem Schwanzfederansatz. Sie scheidet ein fettiges Sekret aus, womit der Vogel sein Federkleid pflegt.

Krankheitsbild

Die Drüse ist erheblich angeschwollen, das Allgemeinbefinden des Vogels ist beeinträchtigt. Das Federkleid wird stumpf und verklebt und ist nicht mehr wasserabweisend.
Manche Vögel bepicken die vergrößerte und entzündete Bürzeldrüse und verursachen damit Wunden und Blutungen.

Ursachen

Durch eine Verstopfung der Ausführgänge kommt es zu einem Sekretstau und nachfolgend zu einer Entzündung der Bürzeldrüse.

Selbstmaßnahmen

Versuchen Sie, durch vorsichtige Massage die Drüse vollständig zu entleeren.
Zur Pflege des Federkleides können Sie den Vogel täglich mit Exner Petguard einsprühen.

● **Naturheilmittel**
Streichen Sie die Drüsenregion über 2 Wochen täglich mit Traumeel-Salbe ein.
Geben Sie jeweils 1 bis 2 Tropfen über eine Woche oral von Traumeel und Paeonia officinalis-Injeel forte.

Wann zum Therapeuten?

Wenn Sie die Bürzeldrüse nicht vollständig entleeren können, lassen Sie dies vom Tierarzt, eventuell durch einen chirurgischen Eingriff, machen.

Vor- und Nachsorge

Überprüfen Sie die Haltungsbedingungen und die Fütterung, ob sie artgerecht sind.

Geschwülste

Geschwulstbildungen (Tumoren) an der Haut, den inneren Organen, den Extremitäten und im Kopfbereich sind relativ häufig zu finden. Dabei muß unterschieden werden zwischen gutartigen und bösartigen Neubildungen.
Bei gutartigen Geschwülsten ist das Allgemeinbefinden meist nicht besonders beeinträchtigt.
Bei bösartigen Tumoren ist das Allgemeinbefinden in Mitleidenschaft gezogen. Sie zeigen oft ein schnelles Größenwachstum und bleiben nicht auf den Ort ihrer Entstehung beschränkt, sondern greifen in umliegendes Gewebe über und bilden an anderen Organen Tochtergeschwülste.

Krankheitsbild

A) Häufig findet man im Brustbereich, seltener an anderen Körperregionen, Lipome. Das sind meist verschiebliche, gut abgegrenzte, weiche Geschwülste, die langsam wachsen, aber eine beachtliche Größe erreichen und dann auch das Tier behindern können. Oft sind die betroffenen Vögel schwerfällig und kurzatmig.
Manchmal bepicken die Vögel diese Zubildungen, was zu starken Blutungen führen kann.
Die Lipome gehören zu den gutartigen Tumoren, ebenso wie die Xanthome (→ Seite 73), Warzen und Federbalgzysten.
Die meisten anderen Neubildungen an der Haut müssen als bösartig eingestuft werden.
B) Vögel zeigen eventuell Atembeschwerden, Durchfall, Apathie. Oft ist der Leib geschwollen.

Bei betroffenen Wellensittich-Männchen verändert sich typischerweise die Farbe der Nasen-Wachshaut von Blau zu Dunkelbraun. Beim Abtasten fühlt sich der Bauch sehr voll an.

Ursachen

A) Für die Entstehung der Lipome sind Hormonstörungen, Verfettung, Bewegungsmangel und mechanische Reize verantwortlich. Diese Fettgeschwülste entstehen oft aus Fettablagerungen, die nicht abgebaut worden sind.
Die Wildvögel legen sich natürliche Fettdepots als Vorrat für lange Zugstrecken zu. Auch unsere Heimvögel bilden noch diese Reserve, verbrauchen sie dann aber nicht.
B) Die Beschwerden deuten auf einen inneren Tumor hin. Die meisten Geschwülste an inneren Organen sind bösartig. Leber-, Nieren-, Schilddrüsen-, Eierstock- oder Hodentumoren kommen relativ häufig vor.
Ob ein innerer Tumor vorliegt, kann am lebenden Vogel nicht hundertprozentig diagnostiziert werden und bleibt vorerst nur Verdacht.
Warum Tumoren entstehen, ist ungeklärt.

Selbstmaßnahmen

A) Setzen Sie die Futtermenge herab und geben Sie ein möglichst vielseitiges und vitaminreiches Diätfutter (→ Leberdiät, Seite 114).
Gewähren Sie dem Vogel viel Freiflug und überprüfen Sie, ob der Käfig groß genug ist.
B) Sorgen Sie für optimale Haltungsbedingungen (→ Seite 12) und artgerechtes Futter mit hohen Vitamin-Zusätzen (→ Seite 16).

● Naturheilmittel

A) Geben Sie dem Vogel über längere Zeit täglich je 1 Tropfen Carduus compositum und Coenzyme compositum.
Außerdem können Sie täglich je 1 Tropfen Glyoxal compositum und Ubichinon compositum verabreichen.
Wächst das Lipom weiter, sollten Sie zusätzlich je 1 Tropfen Galium-Heel und Lymphomyosot verabreichen.
B) Bei einigen bösartigen Tumoren bestehen mit homöopathischer Therapie sehr gute Heilungschancen. Für manche Organe gibt es ein spezielles Krebsnosodenpräparat, z.B. bei Lebertumoren Carcinoma hepatitis-Injeel.
Verabreichen Sie bis zur Heilung je 1 Tropfen von Glyoxal compositum und, wenn vorhanden, von der jeweiligen Nosode, die dem Tumor entspricht, falls Sie sicher sind, welches Organ betroffen ist. Außerdem sollten Sie Ubichinon compositum geben.

Zur Unterstützung dienen ferner bei

Tumoren der	Mittel
Leber	Carduus compositum
Niere	Solidago
Eierstöcke	Ovarium
Hoden	Testis compositum
Schilddrüse	Thyreoidea compositum

Geben Sie in der 1. Woche täglich je 1 Tropfen, in der 2. bis 4. Woche alle 3 Tage und danach 1mal wöchentlich je 1 Tropfen.

Leukotische Veränderungen (→ Seite 122) sollten Sie mit Galium compositum und Lymphomyosot nach demselben Dosierungsschema behandeln.

● Bach-Blüten

Die Bach-Blüten Agrimony, Wild Oat, Hornbeam und Clematis können den Gesundungswillen stärken und helfen, das Tumorgeschehen zu überwinden. Geben Sie von jeder Blüte 1 Tropfen auf 10 ml Wasser und verabreichen Sie davon dem Vogel täglich 10 Tropfen im Trinkwasser.

Wann zum Therapeuten?

Sie sollten den Vogel dem Tierarzt vorstellen, um abzuklären, ob es eine Geschwulst ist und welcher Typ, und um dann gezielt therapieren zu können.

Welche Therapiemaßnahmen beim Therapeuten?

Bei großen äußeren Geschwülsten kann es nötig sein, diese chirurgisch zu entfernen, um das Aufpicken und nachfolgende Beeinträchtigungen zu vermeiden. Innere Tumoren können meist wegen der großen Blutungsgefahr nicht operiert werden.

Vor-und Nachsorge

Sorgen Sie für optimale Haltungsbedingungen (→ Seite 12) und für eine artgerechte Ernährung (→ Seite 16).
Auch nach überstandenen oder operierten Geschwulsterkrankungen sollte der Vogel die oben genannten homöopathischen Mittel regelmäßig weiter bekommen (1mal alle 14 Tage, später 1mal monatlich).

Rasse-Dispositionen

Grundsätzlich können alle Vögel an gut- und bösartigen Tumoren erkranken.
Wellensittiche sind besonders anfällig für die Bildung von Geschwülsten.

Emphyseme

Krankheitsbild

Der Vogel zeigt Schwellungen oder dicke Blasen am oberen Rücken oder verteilt über den ganzen Körper. Beim Abtasten fühlt sich das Tier puffig an. Manchmal ist auch ein Knistern hörbar.
Das Allgemeinbefinden kann gestört sein, und der Vogel leidet unter Atemnot.

Ursachen

A) Wahrscheinlich ist durch einen Unfall ein Luftsack gerissen, die Luft tritt ins umliegende Gewebe und unter die Haut aus.
B) In seltenen Fällen sind Clostridien (unter Ausschluß von Luft lebende, gasbildende Erreger) verantwortlich für die Luft unter der Haut. Aber dann ist das Allgemeinbefinden erheblich gestört.

Selbstmaßnahmen

A) Desinfizieren Sie die Haut und machen Sie mit einem sterilen Skalpell vorsichtig einen kleinen Schnitt in die Haut, damit die Luft entweichen kann. Anschließend beträufeln Sie die Wunde mit Traumeel. Der Luftsackriß wird dann wahrscheinlich von selbst heilen.

● Naturheilmittel
Geben Sie dem Vogel zusätzlich 4 Tage lang 1 bis 2 Tropfen Traumeel ein.

Wann zum Therapeuten?

Wenn Sie sich die »Operation« nicht zutrauen, sollten Sie sich nicht scheuen, den Tierarzt wegen der Behandlung aufzusuchen. Eine Operation ist schließlich nicht jedermanns Sache, und ganz ungefährlich ist es auch nicht.
Bei Verdacht auf eine Clostridieninfektion sollten Sie auf jeden Fall zum Tierarzt gehen.

Rasse-Dispositionen

Bei Kanarienvögeln kommen Emphyseme öfter vor als bei anderen Arten.

Erkrankungen der Extremitäten und des Nervensystems

Flügel, Ständer und Füße des Vogels sind bei Freiflügen vielen Gefahren ausgesetzt. Das sollte Sie aber nicht daran hindern, Ihre Vögel frei fliegen zu lassen, denn der Freiflug ist für die Gesunderhaltung der Käfigvögel ein Muß, und Bewegungsmangel ist Auslöser für eine ganze Reihe von Erkrankungen.

Verletzungen am Flügel

Dazu zählen neben Verstauchungen (Distorsion) und Ausrenkungen (Luxation) auch Knochenbrüche (Frakturen) am Flügel.

Krankheitsbild

Der Vogel kann plötzlich nicht mehr fliegen. Ein Flügel hängt herab oder wird leicht abgespreizt. In anderen Fällen überkreuzen sich die Flügelspitzen leicht. Der betroffene Flügel kann nicht mehr richtig bewegt werden.
Beim Abtasten ist häufig ein Knarren (Krepitation) zwischen den Bruchstellen fühlbar.
Der Vogel sitzt ruhig und leicht aufgeplustert auf der Stange, seine Atmung geht etwas heftiger.
Ein hängender Flügel deutet auf einen Bruch der äußeren Knochen (Elle und Speiche) hin, während ein abgespreizter Flügel oder überkreuzte Flügelspitzen Zeichen für einen Bruch im Schulterbereich sind.
Verstauchungen zeigen sich durch leichte Lähmungserscheinungen, Ausrenkungen durch eine Flügelfehlstellung.
Häufig sind auch starke Blutergüsse auf der Flügelunterseite entstanden.

Wichtig: Es gibt Brüche der Flügelknochen, die sich nicht durch eine Fehlstellung anzeigen.

Ursachen

Ein Bruch der Flügel- oder Schulterknochen ist im allgemeinen unfallbedingt, ebenso Verstauchungen und Verrenkungen. Der Vogel ist beim Freiflug erschreckt worden und panikartig gegen eine Fensterscheibe oder harte Kante geflogen.
Auch wenn der Vogel mit dem Flügel an einer hervorstehenden Ecke etc. oder zwischen Käfigstangen hängenbleibt, kann er sich verletzen.
Eine heftige Streiterei mit Artgenossen kann ebenfalls die Ursache sein.
Während der Mauser ist die Gefahr einer Fraktur durch den Kalzium-Abbau besonders groß.

Selbstmaßnahmen

Bei der Untersuchung ist größte Vorsicht geboten, damit einfache Brüche oder nur angebrochene Knochen unter den Abwehrbewegungen des Vogels nicht zu komplizierten Brüchen werden.
Bei offenen Brüchen und Blutungen muß als erste Maßnahme sofort mit einer 5%igen Wasserstoffsuperoxid-Lösung die Blutung gestillt werden.

Stellen Sie dann den verletzten Flügel ruhig: Bestreichen Sie Ober- und Unterseite des Flügels an der Bruchstelle oder das verstauchte oder ausgerenkte Gelenk dick mit Traumeel-Salbe. Dann bringen Sie den Flügel in die richtige Lage – die Bruchenden müssen genau voreinandersitzen – und fixieren den verletzten und den gesunden Flügel mit einer Mullbinde nicht zu fest am Körper (→ Seite 108). Dieser Verband hat den Vorteil, daß er sehr leicht wieder entfernt werden kann. Dazu schneiden Sie den Verband mit einer Schere aus dem Federkleid heraus.
Geschlossene einfache Flügelbrüche heilen normalerweise innerhalb von 2 bis 3 Wochen sehr gut. Bei einer Verstauchung reicht im allgemeinen eine Ruhigstellung von 1 Woche aus.
Damit sich Papageien die Schienung nicht in kürzester Zeit wieder abreißen, ist es wahrscheinlich nötig, ihnen zusätzlich einen Halskragen anzulegen (→ Seite 109).
Da der Vogel mit den verbundenen Flügeln das Gleichgewicht schwer halten kann, ist es besser, in den ersten Tagen im Käfig die Stangen zu entfernen oder nur flach über dem Boden anzubringen, um ein Abstürzen zu vermeiden. Bei Papageien ist dies nicht nötig, da sie sich mit dem Schnabel gut festhalten können.

● Naturheilmittel

Gegen den Schock verabreichen Sie sofort 1 bis 2 Tropfen Aconitum D200, wenn der Vogel erregt ist und Hautverletzungen aufweist, bzw. 1 bis 2 Tropfen Arnica D200, wenn der Vogel ruhig und ohne Hautverletzung ist. Anschließend bekommt er alle 30 Minuten 2 Tropfen Traumeel. Dann geben Sie 2 Wochen lang täglich 2 bis 3 Tropfen Traumeel ein.

● Bach-Blüten

Geben Sie eine Woche lang je nach Größe des Vogels 1 bis 2 Tropfen der Rescue-Essenz ins tägliche Trinkwasser.

Wann zum Therapeuten?

Bei Verdacht auf Brüche oder Verrenkungen sollten Sie immer den Tierarzt aufsuchen. Legen Sie dazu nach erfolgter Schockbehandlung den Vogel in ein weich gepolstertes, geräumiges und dunkles Behältnis.

Welche Therapiemaßnahmen beim Therapeuten?

Er kann mit Hilfe von Röntgenaufnahmen besser beurteilen, ob und welche Brüche vorliegen, und die Bruchenden richtig ausrichten oder ausgerenkte Gelenke in die richtige Lage bringen.
Das Risiko, daß ein Vogel nach einer Flügelfraktur oder einer Luxation nicht mehr richtig fliegen kann, ist groß.
Unumgänglich ist der Besuch beim Veterinär bei komplizierten und offenen Brüchen sowie bei Frakturen in Gelenknähe und bei Luxationen, da hier Komplikationen auftreten können. Oft ist ein operatives Vorgehen nötig.
Zur Förderung der Heilung kann der Tierarzt Ihrem Vogel eventuell auch Magnetfeldtherapie (→ Seite 122) verordnen.

Vor- und Nachsorge

Nach einer solchen Flügelverletzung muß der Vogel erst langsam wieder das Fliegen üben. Geben Sie ihm Gelegenheit, dies ohne großes Verletzungsrisiko zu tun.

Verletzungen am Bein

Dazu gehören Brüche (Frakturen), Verstauchungen (Distorsion) und Ausrenkungen (Luxation). Diese Verletzungen kommen an den Beinen häufig vor.

Krankheitsbild

Der Vogel belastet das kranke Bein nicht mehr. Es kann schlaff baumelnd herunterhängen oder angezogen werden. Manchmal schwillt es auch an.
Im Falle eines kompletten Durchbruchs sind die Bruchenden und ihre Beweglichkeit gegeneinander deutlich zu ertasten.
Bei einem offenen Bruch ragen aus der Wunde die Knochen hervor.
Eine Schwellung an nur einem Gelenk ohne fühlbaren Bruch spricht für eine Verstauchung.
Wenn die Gliedmaße in unnormaler Stellung absteht, ist an eine Ausrenkung zu denken.

Ursachen

Solche Verletzungen entstehen meist beim Freiflug, z.B. an Türen oder Schubladen, die schnell zugeschlagen werden, ohne den darauf sitzenden Vogel zu bemerken, oder durch unbeabsichtigtes Treten des Tieres.
Wenn ein Vogel mit den Füßen in der Gardine, an Gitterstäben oder Spielzeug hängenbleibt, entsteht leicht eine Distorsion oder Luxation.
Beringte Vögel sind dabei besonders gefährdet. Wenn sich solch ein Ring im Draht des Käfigs verfängt, zieht der Vogel in Panik den Fuß weg und bricht sich den Laufknochen oder renkt sich das Bein aus.

Selbstmaßnahmen

Ist der Laufknochen gebrochen, so muß er mit geeignetem Material geschient werden. Je nach Größe des Vogels eignen sich dafür aufgeschnittene Strohhalme, Spritzen oder andere Hülsen (zur Durchführung → Seite 108).
Zehenfrakturen werden vorsichtig über mehrere Tage dick mit Traumeel-Salbe bestrichen. Besonders bei kleinen Vögeln heilen sie oft ohne weitere Maßnahmen.

Naturheilmittel

Gegen den Schock verabreichen Sie sofort Aconitum bzw. Arnica D200, wie auf Seite 83 beschrieben, anschließend alle 30 Minuten 2 Tropfen Traumeel. Danach geben Sie über 2 Wochen täglich 2 bis 3 Tropfen Traumeel und Zeel direkt in den Schnabel.

Bach-Blüten

Geben Sie in den ersten Tagen je nach Größe des Vogels 1 bis 2 Rescue-Tropfen ins Trinkwasser.

Wann zum Therapeuten?

Nach erfolgter Schockbehandlung sollten Sie den Vogel in einem weich gepolsterten, geräumigen und dunklen Behältnis zur Behandlung zum Tierarzt bringen. Dies vor allem dann, wenn es sich um offene oder komplizierte Brüche handelt. Es kommt auch auf die Vogelart an. Bei Papageien ist oft eine chirurgische Maßnahme erforderlich.
Auch Frakturen im muskulären Bereich von Unter- und Oberschenkel sind schwer zu richten und müssen in speziellen Techniken hochgebunden werden.
Vielleicht empfiehlt der Tierarzt auch unterstützend die Magnetfeldtherapie (→ Seite 122).

Vor- und Nachsorge

Achten Sie darauf, daß der Vogel mit seinem Ring nicht hängenbleiben kann. Er darf weder zu locker noch zu fest sitzen.

Gelenkentzündungen

Krankheitsbild

Der Vogel schont die betroffenen Gliedmaßen, indem er nicht mehr fliegt oder das Bein hochzieht bzw. nur ganz vorsichtig aufsetzt.

Mit aufgeplustertem Gefieder und meist auf dem Boden sitzend, zeigt der Vogel deutlich, daß es ihm nicht gut geht.
Das Abtasten der betroffenen Gelenke (Beine, Zehen, Flügel) ist sehr schmerzhaft für das Tier. Die Gelenke sind verdickt, gerötet und fühlen sich auch wärmer als normal an. Der Vogel kann oft auch mit den Zehen keine Sitzstangen mehr umgreifen. Papageien halten sich mit dem Schnabel am Gitter fest, um nicht von der Stange zu fallen. Einige Vögel bepicken entzündete Gelenke.

Ursachen

Es handelt sich um eine Gelenkentzündung, die verschiedene Ursachen haben kann.
A) Traumatische Gelenkentzündungen sind meist durch Stöße, Quetschungen, Zerrungen oder Verstauchungen hervorgerufen. Die Umgebung ist oft mitgeschädigt. Aber nur einzelne Gelenke sind betroffen.
B) Für bakteriell bedingte Gelenkentzündungen können Staphylokokken, Streptokokken, Salmonellen und andere Erreger verantwortlich sein.
Alle Gelenke sind betroffen. Für eine bakterielle Infektion spricht, wenn die Gelenke heiß sind und das Allgemeinbefinden erheblich gestört ist.
C) Zu den durch Stoffwechselstörungen bedingten Gelenkerkrankungen zählen die Gicht (→ Seite 59) und die Rachitis (Knochenweiche).
Die Rachitis (auch die Osteomalazie) wird durch einen absoluten Mangel an Kalzium sowie anderen Mineralien und/oder den Vitaminen D_3 und B in der Wachstumsphase verursacht.
Eine reine Körnerfütterung führt bei Jungtieren sehr schnell zu Rachitis.
Zu der Schwellung der Gelenke kommen bald eine Erweichung des Schnabels und der Krallen hinzu und dann eine deutliche Verformung der langen Knochen und der Wirbelsäule. Manchmal brechen spontan Knochen.

Ein ähnliches Krankheitsbild kann bei erwachsenen Vögeln durch einseitige Ernährung entstehen (Osteomalazie), besonders, wenn sie Eier legen.

Selbstmaßnahmen

A) Ist das Gelenk eines Flügels betroffen , so wird der Flügel ruhiggestellt (→ Seite 108), nachdem das Gelenk zuvor dick mit Traumeel-Salbe bestrichen wurde. Lassen Sie den Verband 1 Woche am Vogel. An den Beinen sollten Sie auf eine Schienung verzichten. Reiben Sie das Gelenk täglich über eine Woche mit Traumeel- und Zeel-Salbe ein.
B) Zusätzlich zu der unbedingt notwendigen tierärztlichen Behandlung können die Gelenke mit Traumeel- und Zeel-Salbe bestrichen werden.
C) Zur Behandlung der Gicht → Seite 59.
Achten Sie darauf, daß das Krankenlager ruhig, warm und trocken ist. Die aufgetriebenen Gelenke können Sie täglich mit Traumeel- und Zeel-Salbe einreiben.

Wichtig: Bei Rachitis ist von besonderer Bedeutung, die Erkrankung früh zu erkennen, weil sonst bei schweren Veränderungen am gesamten Knochensystem nur noch das Einschläfern des Vogels bleibt.

Korrigieren Sie die Fütterung, indem Sie eine vielseitige und artgerechte Kost anbieten.

● Naturheilmittel

A) Geben Sie eine Woche lang täglich je 1 Tropfen Traumeel und Rhus Tox-Injeel oder Zeel ein.
B) Zusätzlich zur tierärztlichen Behandlung verabreichen Sie bis zur Besserung täglich je 1 Tropfen Traumeel und Zeel.
C) Zur Behandlung der Gicht → Seite 59.
Unterstützend verabreichen Sie bei Rachitis täglich 2 Tropfen Calcium phosphoricum-Injeel bis zur Besserung.

● **Bach-Blüten**
Hornbeam und Oak können dem Vogel helfen, mit der Behinderung besser zurecht zu kommen und seine Beweglichkeit wiederzufinden. Geben Sie je 1 Tropfen ins tägliche Trinkwasser.

Wann zum Therapeuten?

Bei Verdacht auf bakteriell bedingte Gelenkentzündungen sollten Sie unbedingt zum Tierarzt gehen, um abzuklären, welche Erreger dahinterstecken (Seuchen- und Zoonose-Gefahr!) und um eine entsprechende Therapie einzuleiten.
Sind durch die Rachitis bereits Knochenverformungen entstanden, sollte der Tierarzt entscheiden, ob das Tier noch zu retten ist.

Vor- und Nachsorge

A) Verhindern Sie soweit wie möglich Unfälle und Rangkämpfe!
B) Stärken Sie durch artgerechte Haltung (→ Seite 12) und vollwertige Ernährung (→ Seite 16) die Abwehrkräfte des Vogels. Gewähren Sie ihm ausreichend Sonne ohne die UV-filternden Glasscheiben.
C) Sie können die Entstehung von Rachitis und Osteomalazie verhindern, wenn Sie darauf achten, daß das Futter ausreichend Grünzeug und – als Kalziumlieferant – gestoßene, zuvor abgekochte Eier-, Muschel- oder Schneckenschalen enthält. Über mehrere Wochen sollten zusätzlich Mineralstoffe und Vitamine zugesetzt werden. Achten Sie dabei besonders auf Kalzium sowie die Vitamine D_3 und B. Eine ausgewogene Mineral- und Vitaminmischung ist Korvimin ZVT. Das pulverförmige Ergänzungsmittel muß aber unbedingt zusammen mit Weichfutter verabreicht werden, da es an Körnern nicht ausreichend haftet.
Das Risiko, an Rachitis zu erkranken, ist vor allem bei handaufgezogenen Vögeln besonders groß.

Wichtig: Geben Sie nicht zuviel an zusätzlichen Vitaminen, denn auch eine Überdosierung kann Krankheiten hervorrufen!

Fußballengeschwür

Krankheitsbild

Der Vogel setzt einen Fuß nicht mehr auf. Der oder die Ballen sind gerötet, schmerzhaft und geschwollen, manchmal ist in der Mitte eine schorfige Geschwulst. Eventuell sind auch das darüberliegende Gelenk und das Bein schon mitbetroffen und geschwollen.

Ursachen

Es besteht ein Fußballengeschwür. Ungeeignete und unsaubere Sitzstangen, ständiger Druck an den gleichen Stellen, zuwenig Bewegung, Übergewicht und falsche Ernährung führen zu wunden Füßen, aus denen bei Nichtbehandlung allmählich Druckgeschwüre und (durch Infektionen) schwere, tiefere Entzündungen entstehen.
Möglicherweise kann bei Weichfressern auch eine übermäßige Fütterung von Mehlwürmern Auslöser des Geschwürs sein.

Wichtig: Verwenden Sie niemals Sandpapierhüllen auf den Sitzstangen. Dadurch reiben sich die Vögel die empfindlichen Fußballen schnell wund.

Selbstmaßnahmen

Ersetzen Sie die alten Sitzstangen durch Holzstangen mit unterschiedlichem Durchmesser, die Sie noch abpolstern (z.B. mit Tesamoll). Ersetzen Sie den alten Bodenbelag durch einen weichen, sauberen Belag.

Am besten sind jedoch Sitzgelegenheiten aus Zweigen ungiftiger Sträucher und Bäume.
Sorgen Sie für Freiflugmöglichkeiten sowie für eine ausgewogene, artgerechte Ernährung mit Vitamin-A-Zusätzen (→ Seite 16).

Baden Sie den Fuß in warmem Wasser (dem Sie einige Tropfen Teebaumöl zugefügt haben) und säubern Sie ihn vorsichtig von anhaftendem Schmutz und Krusten.
Dann pinseln Sie den Ballen mit Jodglycerin 1:2 oder mit Teebaumöl ein. Anschließend reiben Sie den erkrankten Fuß dick mit Traumeel-Salbe ein. Wiederholen Sie dies 2- bis 3mal täglich.
Bei größeren Vögeln können Sie versuchen, einen Mulltupfer mit Salbe zu bestreichen und dann mit einem kleinen Verband um den Fuß zu befestigen. Diese Prozedur ist bis zur vollständigen Abheilung zu wiederholen.

● **Naturheilmittel**
Geben Sie bis zum vollständigen Abheilen Traumeel und Hepar sulfuris-Injeel, je 2 Tropfen täglich, direkt in den Schnabel.

Wann zum Therapeuten?

Ist das Geschwür vereitert oder hat sich ein Abszeß gebildet, sollte der Tierarzt zu Rate gezogen werden.

Vor- und Nachsorge

Das wichtigste ist, die Entstehung durch bessere, möglichst natürliche und saubere Sitzstangen und genügend Bewegung sowie artgerechtes Futter zu verhindern. Wichtig sind auch Sitzstangen, die beim Anflug nachgeben.
Verwenden Sie kein Sandpapier auf Sitzstangen!
Sollten Sie dennoch einmal Rötungen oder wunde Füße bemerken, sind diese sofort mit Jodglycerin zu bepinseln und anschließend mit Zink-Lebertran-Salbe zu bestreichen. Gleichzeitig wird bis zur Abheilung täglich je 1 Tropfen von Traumeel und Cutis compositum eingegeben.

Hyperkeratose

Krankheitsbild

An den Beinen und Zehen sind dicke, große Hornschuppen zu sehen, die die Ständer schienenartig umschließen und den Vogel erheblich behindern. Durch den Druck der Auflagerungen entstehen Durchblutungsstörungen. Die Füße können stark anschwellen und werden nicht belastet.

Ursachen

Vermutlich sind fehlende Abnutzungsmöglichkeiten bei Vögeln in Gefangenschaft, Stoffwechselstörungen sowie erbliche Veranlagung die Ursachen für die Schuppenbildung.
Die Hyperkeratose ist zu unterscheiden von Kalkbeinen (→ Seite 67), eine durch Milben verursachte Hautveränderung.

Selbstmaßnahmen

Bepinseln Sie die Auflagerungen mit Jodglycerin 1:5, und versuchen Sie dann, die Hornschuppen vorsichtig abzuheben. Anschließend werden die Beine bis zur Heilung täglich mit Zink-Lebertran-Salbe eingerieben.
Eventuell vorhandene Fußringe müssen vor der Behandlung abgenommen werden.

● **Naturheilmittel**
Verabreichen Sie täglich je 1 Tropfen Traumeel und Cutis compositum direkt in den Schnabel.

Krallendeformationen

Krankheitsbild

Die Krallen haben ihre natürliche Form verloren und wachsen wie Korkenzieher aufgedreht, abgewinkelt oder stark zusammengekrümmt. Der Vogel bleibt damit leicht hängen und reißt sie sich aus.

Ursachen

Krallendeformationen können entstehen durch Verletzungen, Entzündungen oder Räude- und Pilzerkrankungen des Nagelbettes, durch mangelnde Krallenpflege sowie durch fehlende Abnutzung infolge von Bewegungsmangel.

Selbstmaßnahmen

Kürzen Sie die Krallen etwa 2 mm vor der Krallenmarkspitze (→ Seite 111). Eventuell auftretende Blutungen müssen Sie sofort mit Eisenchlorid stoppen. Wenn eine abgerissene Kralle nicht sofort versorgt wird, kann der Vogel verbluten.
Behandeln Sie das Krallenbett täglich mit Jodglycerin 1:2.

● **Naturheilmittel**
Geben Sie dem Vogel über 14 Tage täglich je 1 Tropfen Traumeel und Graphites-Homaccord.

Wann zum Therapeuten?

Wenn Sie sich nicht sicher sind, an welcher Stelle Sie die deformierten Krallen abschneiden können, fragen Sie lieber Ihren Tierarzt.

Vor-und Nachsorge

Mit regelmäßiger Krallenpflege (→ Seite 111) können Sie Verformungen vorbeugen.

Gangrän

Krankheitsbild

Die Krallen werden schwarz und fallen ab. Der Prozeß schreitet zehen- und beinwärts fort. Zwischen gesundem und schwarzem Gewebe entsteht eine entzündliche Zone. Die so veränderte Gliedmaße wird vom Vogel heftig bepickt.

Ursachen

Auslöser für das Schwarzwerden können schwere Verbrennungen und Erfrierungen sein. Auch Verletzungen, Abschnürungen durch Fasern oder zu eng sitzende Ringe können verantwortlich sein. Vergiftungen durch Pilzinfektionen oder Mutterkorn können ebenfalls dazu führen.

Selbstmaßnahmen

Wichtig: Selbstmaßnahmen sind nicht empfehlenswert!

● **Naturheilmittel**
Begleitend zur tierärztlichen Behandlung können Sie über 1 Woche täglich 2 Tropfen Traumeel verabreichen.

Wann zum Therapeuten?

Mit einer Gangränbildung sollten Sie möglichst schnell den Tierarzt aufsuchen. Er muß entscheiden, ob Teile des Fußes amputiert werden müssen.

Vor- und Nachsorge

Vermeiden Sie möglichst Verletzungen und Abschnürungen der Zehen, die zum Absterben derselben führen können.

Lahmheiten und Lähmungen des äußeren Nervensystems

Lähmungserscheinungen bis hin zu einer vollständigen Lähmung entwickeln sich meist über einen längeren Zeitraum.

Krankheitsbild

Der Vogel steht anfangs etwas unsicher auf den Beinen. Bald kann er sich nicht mehr auf der Stange halten und hockt nur noch am Boden. Sind beide Beine betroffen, liegt er nur noch am Boden. Papageien halten sich mit dem Schnabel am Käfiggitter fest, um nicht umzufallen.
Äußerlich erscheinen die Extremitäten unverändert.
Durch Druck auf die Fußballen können Sie den Klammerreflex, eine unwillkürlich ablaufende Muskelkontraktion der Zehen, testen. Bei der Lahmheit ist er verzögert, bei der Lähmung nicht mehr vorhanden. Häufig bestehen gleichzeitig Gleichgewichtsstörungen.
Sind die Flügel betroffen, können sie nicht mehr benutzt werden.

Ursachen

Lähmungserscheinungen einzelner Gliedmaßen können die Folge von Frakturen, Gelenk- und Muskelentzündungen oder Blutergüssen sein. Die jeweiligen Nerven sind durch Zerrungen oder Prellungen geschädigt, in schweren Fällen auch durchgerissen.
Auch Tumoren können auf den jeweiligen Nerv drücken und mit der Zeit die Reizleitung ganz unterbrechen.
In einigen Fällen kann auch die Unterversorgung mit den Vitaminen B und E die Ursache für Lähmungserscheinungen sein.

Selbstmaßnahmen

Wenn der Vogel nicht mehr stehen kann, sollten Sie mit einer dicken Zellstofflage den Käfigboden weich polstern. Falls er Nahrung nicht selbständig aufnehmen will oder kann, müssen Sie ihm per Hand Futter und Wasser eingeben. Dem Wasser sollten vor allem die Vitamine des B-Komplexes zugesetzt werden.

● Naturheilmittel

Geben Sie 3- bis 4mal täglich je 1 Tropfen Traumeel, Nux vomica-Homaccord und Gelsemium D30. Nach 2 Tagen sollten Sie zu Argentum nitricum D30 und Ignatia D200 (oder Ignatia-Injeel) wechseln. Wenn eine Verletzung vorangegangen ist, können Sie auch Rhus Tox-Injeel anwenden. Geben Sie 1 Tropfen pro Tag per os.

● Bach-Blüten

Verdünnen Sie 1 Tropfen der Rescue-Essenz mit 5 ml Wasser und verabreichen Sie davon zur Unterstützung dem Vogel mehrmals täglich einige Tropfen.
Alternativ können Sie auch 2 Tropfen der Rescue-Essenz ins tägliche Trinkwasser mischen.

Wichtig: Die Behandlung von Lähmungen erfordert viel Geduld. Manchmal gibt es erst nach vielen Wochen eine Besserung oder Heilung.

Wann zum Therapeuten?

Um den Grund der Lähmung abzuklären und entsprechend handeln zu können, sollten Sie den Tierarzt konsultieren.

Vor- und Nachsorge

Durch eine vielseitige und artgerechte Ernährung (→ Seite 16) können Sie Mangelschäden vorbeugen, die zu Lähmungen führen.

Lähmungen und Krämpfe im zentralen Nervensystem

Krankheitsbild

Erkrankungen des zentralen Nervensystems können sich in sehr unterschiedlichen Krankheitsbildern äußern:

– Der Vogel liegt völlig benommen auf dem Boden.
– Der Vogel bekommt von Zeit zu Zeit heftige Krampfanfälle mit Zuckungen des Körpers.
– Der Vogel dreht zwanghaft den Kopf nach oben.

Ursachen

Die Erkrankungen des zentralen Nervensystems betreffen Gehirn und Rückenmark. Ursache dafür kann eine Gehirnerschütterung durch einen Aufprall an Fenster oder Käfiggitter sein. Dabei kann sich der Vogel aber auch einen Schädelbruch oder Quetschungen des Gehirns oder Rückenmarks zugezogen haben.
Weitere mögliche Auslöser sind Vergiftungen (metallische Gifte sind besonders gefährlich für Vögel), Infektionen mit Bakterien, Viren oder Pilzen, Mangel an Vitaminen des B-Komplexes und Vitamin E, Tumoren und Durchblutungsstörungen.

Selbstmaßnahmen

Wenn Sie wissen, daß ein Unfall vorausgegangen ist, bewegen Sie den Vogel nicht unnötig. Legen Sie ihn in ruhiger, warmer, leicht abgedunkelter Umgebung auf ein Tuch.
Ebenso verfahren Sie bei einem Krampfanfall.

● Naturheilmittel

Bei allen Erkrankungen des zentralen Nervensystems sollten Sie Cerebrum compositum und Traumeel anwenden. Versuchen Sie, dem verunglückten Vogel davon alle halbe Stunde je 1 Tropfen einzuflößen.
Nach einem Kollaps geben Sie zuerst halbstündlich 2 Tropfen Carbo vegetabilis D200 per os. Wenn der Vogel die Augen wieder öffnet, verabreichen Sie alle 3 Stunden 1 bis 2 Tropfen Sulfur D200.

● Bach-Blüten

Bei allen Unfällen sind die Rescue-Tropfen angezeigt. Sie tragen dazu bei, daß der Vogel den Schock gut überwindet. Geben Sie 1 Tropfen davon auf die Kopfmitte.

Wann zum Therapeuten?

Bei Verdacht auf eine infektiös bedingte Erkrankung sollten Sie unbedingt den Tierarzt aufsuchen. Das gleiche gilt für alle Störungen, deren Ursache Sie sich nicht erklären können.

Vor- und Nachsorge

Versuchen Sie Unfälle wie das Fliegen gegen Fensterscheiben zu vermeiden, indem Sie Gardinen vor die Fenster hängen und dafür sorgen, daß der Vogel sich während des Freiflugs nicht erschrecken kann.
Passen Sie auf, daß der Vogel keine giftigen Materialien aufnehmen kann. Auch das Blei in den Bleischnüren der Gardinen ist hochgiftig! Zu Vergiftungen → Seite 99.
Achten Sie auf vollwertige und vitaminreiche Ernährung mit ausreichendem Anteil an B-Vitaminen (→ Seite 16).

Rasse-Dispositionen

Alle Vogelarten können sich Erkrankungen des äußeren und des zentralen Nervensystems zuziehen.

Verhaltensstörungen

Verhaltensstörungen und Neurosen sind ein häufiges Problem bei Heimvögeln. Viele dieser Schwierigkeiten lassen sich aber vermeiden, wenn die Tiere möglichst artgerecht in größeren Käfigen und nicht allein gehalten werden (→ Seite 12).
Am auffälligsten und besten erforscht sind psychische Probleme bei den Papageien. Wegen ihrer Intelligenz, Verspieltheit und Fähigkeit zur Nachahmung sind sie als Heimtiere besonders beliebt. Aber während sie in der Natur als sehr gesellige Vögel in größeren Gruppen leben, kommen sie in Gefangenschaft oft genug in Einzelhaft. Ohne Kommunikationspartner und Beschäftigung entstehen sehr viele Probleme. Wenn es den Vögeln nicht gelingt, sich ihrer Umgebung und dem Lebensstil in Gefangenschaft anzupassen, entwickeln sie aus Einsamkeit und Langeweile zwanghafte Verhaltensweisen oder werden allmählich krank und sterben schließlich.
Oft wird gesagt, daß einzeln gehaltene Papageien schneller zahm werden und besser sprechen lernen bzw. daß bei den Kanarienvögeln das Männchen angeblich nur in Einzelhaltung singt. Dies ist zum Teil falsch. Auch in Gemeinschaft gehaltene Papageien können zahm werden und sprechen; es erfordert jedoch meist etwas mehr Geduld. Es kann eventuell von Vorteil sein, einen sehr jungen Vogel vorübergehend erst allein zu halten, bis er zahm geworden ist. Kanarienvögel singen auch in der Gemeinschaft von Artgenossen und Weibchen – vielleicht nur etwas seltener. Dafür fühlen sie sich aber erheblich wohler!
Handaufgezogene Papageien werden stark auf den Menschen geprägt. Das führt jedoch spätestens bei Eintritt der Geschlechtsreife zu entsprechend unerwünschten Aktivitäten des Vogels. Der Mensch wird kaum in der Lage sein, den natürlichen Lebenspartner des Vogels rund um die Uhr zu ersetzen.

Federrupfen

Das Federrupfen bis zur fast vollkommenen Nacktheit stellt viele Papageienhalter vor ein scheinbar unlösbares Problem. Es handelt sich hierbei eigentlich um keine Krankheit, sondern um eine tiefgreifende Verhaltensstörung, die ihre Ursache in Gefangenschaft und ungünstigen Haltungsbedingungen hat.
Diese Neurose ist die auffälligste und bekannteste. Sie kann bis zur Selbstverstümmelung führen.

Krankheitsbild

Die normale Gefiederpflege entwickelt sich nach und nach zu einem übertriebenen und aggressiven Zerbeißen und Ausrupfen der Federn. Anfangs zieht sich der Vogel erst spielerisch nur ein paar Federn aus. Aber dann wird das regelrecht zu einer Sucht, der das gesamte Gefieder zum Opfer fällt. Meist beginnt der Vogel damit, die Federn auf der Brust zu rupfen; dann dauert es nicht lange und er sitzt vollkommen kahl gerupft auf der Stange. Lediglich der Kopf bleibt mit Federn bedeckt, da er sie nicht erreichen kann. Der nackte Vogel mit dem befiederten Kopf ist ein typisches Zeichen für den Federrupfer. Im Gegensatz dazu verlieren die Vögel bei einer Erkrankung wie dem Federverlustsyndrom (→ Seite 76) auch das Kopfgefieder.

Manchmal werden auch die Nägel oder sogar die Zehen und andere Weichteile ausgiebig von den Vögeln benagt.

Dem Federrupfen sind häufig – wahrscheinlich unbemerkt – schon frühe Stadien der Neurose vorangegangen, wie gesteigertes Bearbeiten von Spielzeug, ständiges zwanghaftes Springen von Stange zu Stange, unentwegtes Hin- und Herwiegen des Kopfes, Nervosität oder übertriebene Schreckhaftigkeit.

Ursachen

Langeweile und Einsamkeit, vielleicht auch Trauer über einen verlorenen Partner (Vogel oder Mensch) sind meist die Gründe für die Entwicklung dieser Neurose. Zu enge Käfige, ungeeignetes Spielzeug, immer der gleiche Ausblick, fehlender Freiflug, falsche Sitzstangen, Alleingelassenwerden und ungenügende Zuwendung durch den Besitzer tragen dazu bei.
Viele Vögel sind sehr sensibel und reagieren schnell mit einer psychischen Störung, wenn sich z. B. in ihrer Umgebung etwas ändert oder wenn es Familienzuwachs gegeben hat.

Wichtig: Federverlust und Federrupfen kann auch andere Ursachen haben. Deshalb sollten als erstes immer Infektionskrankheiten wie Ornithose/Psittakose oder PBFD, Ektoparasiten wie Vogelmilben, Endoparasiten wie Giardien, schwere Mangelsituationen, Stoffwechselstörungen oder Tumoren ausgeschlossen werden.

Selbstmaßnahmen

Sind Sie sicher, daß das Federrupfen psychische Gründe hat, müssen Sie als erstes die Haltungsbedingungen Ihres Vogels überdenken und ändern (→ Seite 12). Gewähren Sie Ihrem Vogel einen geräumigeren Käfig mit Naturholzstangen und Klettermöglichkeiten und einer Versteckmöglichkeit. Stellen Sie den Käfig dort auf, wo mehr los ist und der Vogel nicht allein ist. Der tägliche Lichteinfall sollte 8 bis 12 Stunden nicht übersteigen. Wenn dies der Fall ist, sollten Sie den Käfig mit einer dichten Decke abdecken.
Geben Sie Ihrem Vogel Gelegenheit zum täglichen Freiflug und zum Baden.
Und vor allem: Versuchen Sie, ihm einen Partner zu besorgen, den er akzeptiert. Dabei können bei Papageien durchaus auch verschiedene Papageienarten Sympathien zueinander entwickeln, z. B. Amazone und Wellensittich.
Legen Sie bei der Ernährung größeren Wert auf ausgewogene Protein-, Mineralstoff- und Vitaminversorgung.

● Bach-Blüten

Mischen Sie je 1 Tropfen von den Bach-Blütenessenzen Rock Water, Hornbeam, Mustard, Chestnut Bud, Willow und Water Violet mit 10 ml Wasser. Geben Sie dem Vogel davon möglichst 4mal täglich je nach Größe 2 bis 4 Tropfen ein.
Alternativ können Sie ihm aber auch je 1 Tropfen der Essenzen ins tägliche Trinkwasser geben.
Unterstützend mischen Sie einige Tropfen der Essenzen in 1/2 l Wasser und sprühen den Vogel damit täglich ein.
Die Blüten können dem Vogel helfen, seine zwanghafte Tätigkeit und die depressiven Zustände zu überwinden, sich leichter anzupassen und zu seiner Unbeschwertheit zurückzufinden.
Ist der Vogel neu zu Ihnen gekommen, sollten Sie ihm zusätzlich noch Walnut geben, damit er seine neue Umgebung leichter akzeptiert.

Wann zum Therapeuten?

Um sicherzugehen, daß keine ansteckenden Infektionen, Parasiten oder andere körperliche Leiden hinter dem Federrupfen stehen, sollten Sie den Tierarzt aufsuchen.

Vor- und Nachsorge

Vermeiden Sie die Ursachen wie nicht artgerechte Haltung und Fütterung! Sorgen Sie dafür, daß der Papagei nicht von seinem Partner getrennt wird oder seine Bezugspersonen verliert.
Viel Geduld ist nötig, um den Papagei schließlich von seiner zur Sucht gewordenen Angewohnheit zu befreien. Lassen Sie ihm mehr Aufmerksamkeit zuteil werden, aber nicht, wenn er gerade Federn rupft. Das würde ihn nur darin bestärken. Wenn Sie ihn beim Rupfen ertappen, können Sie ihn für einige Minuten mit einer Decke abdecken.

Rasse-Dispositionen

Federrupfen und Selbstverstümmelungen sind vor allem bei Papageien und Kakadus bekannt.

Dominantes Verhalten

Gesellig in einer Gruppe lebende Vögel regeln das Miteinander, indem sie durch Dominanz- und Unterlegenheitsgesten eine Rangordnung aufbauen (»Hackordnung«).
Dominantes Verhalten kann aber zum Problem werden, wenn sich ein Vogel innerhalb der Gruppe sehr aggressiv gebärdet.

Krankheitsbild

A) Der Vogel traktiert ständig einen anderen unterlegenen Vogel
B) Der Vogel verhält sich seinem Halter gegenüber dominant und aggressiv. Es kommt auch vor, daß er vom Halter Besitz ergreift und gegen die anderen Familienmitglieder aggressiv reagiert.
Bisse, besonders von größeren Papageien, können böse Folgen haben.

Ursachen

A) Die Vögel passen nicht zusammen, sind sich unsympatisch.
B) Zu einem dominanten Verhalten gegenüber dem Tierhalter kommt es möglicherweise, wenn der Vogel ständig über dessen Kopfhöhe sitzt.

Selbstmaßnahmen

A) Trennen Sie die Vögel.
B) Verhaltensforscher empfehlen, Käfig und Sitzstangen für den Vogel unterhalb der Brusthöhe des Tierhalters anzubringen. Allerdings sollten sich die Stangen nicht unterhalb der Taillenhöhe befinden, da der Vogel sonst eine Angstneurose entwickeln könnte.
Angriffe können Sie manchmal wirksam mit einer Wasserpistole abwehren.
Empfehlenswert ist außerdem, dem Vogel nicht ständig ausreichend Futter hinzustellen. Geben Sie ihm statt dessen erst dann Futter aus der Hand, wenn er sich berühren läßt.
Beißen ist ein natürliches Verhalten von Papageien. Von Anfang an muß ein junger Vogel deshalb konsequent dahingehend erzogen werden, daß er nicht beißt.

● **Bach-Blüten**
Unterstützend sollten Sie 1 Tropfen Beech ins tägliche Trinkwasser geben. Diese Bach-Blüte harmonisiert vor allem Tiere, die sich durch Intoleranz und Dominanz auszeichnen.
Auch Vervain, Vine und Holly – je 1 Tropfen ins Trinkwasser – helfen, dominantes und aggressives Verhalten zu ändern.

Vor- und Nachsorge

Sorgen Sie für artgerechte Haltung, vor allem keine Einzelhaltung (→ Seite 12)! Beobachten Sie Ihre Vögel täglich, ob die Paare oder Gruppen zusammenpassen.

Rasse-Dispositionen

Junge Amazonen haben den Ruf, sich leicht zu »Tyrannen« zu entwickeln.

Kreischen

Das anhaltende, neurotische Geschrei mancher Papageien ist sicherlich die Verhaltensstörung, die die Nerven der Besitzer am meisten strapaziert.

Krankheitsbild

Der Vogel schreit lang und ausdauernd und ist nicht zu beruhigen.

Ursachen

Kreischen ist eigentlich ein ganz normales Ausdrucksmittel und Verhalten von Papageien. Sie begrüßen den Tag mit einem Geschrei und drücken Wiedersehensfreude mit lautem Kreischen aus.
Es kann jedoch unerträglich werden, wenn der Vogel als Ausdruck seiner Einsamkeit, Trauer, Langeweile, Frustration oder Angst ständig schreit.
Manche Vögel kreischen auch, um die Aufmerksamkeit des Besitzers zu erregen.

Selbstmaßnahmen

Sorgen Sie möglichst für einen Partner und viel Abwechslung und Unterhaltung.

Ist das Geschrei bei einem neu erworbenen Vogel Ausdruck der Warnung und Angst, sobald Sie sich ihm nähern, so dürfen Sie dies nicht weiter beachten. Der Vogel gelangt sonst zu der Überzeugung, daß Kreischen nutzt. Bieten Sie ihm trotz seines Geschreis ruhig per Hand Leckerbissen an.
Bei Vögeln, die Spektakel machen, um beachtet zu werden, ist es wichtig, daß Sie dem Vogel keine Aufmerksamkeit schenken, solange er schreit. Denn das würde das unerwünschte Verhalten in Zukunft nur verstärken. Es wäre ebenso verkehrt, ihn auszuschimpfen, denn damit hätte der Schreihals ja erreicht, was er wollte – Beachtung.

Wichtig: Fröhliches Kreischen zur Begrüßung können und dürfen Sie nicht unterbinden! Gehen Sie schnell zu Ihrem Vogel hin und begrüßen Sie ihn ebenso freudig.

● Bach-Blüten

Bei Gekreische aus Angst geben Sie Mimulus, Aspen und Sweet Chestnut. Um dem Vogel die Anpassung an seine neue Umgebung zu erleichtern und Trauer zu überwinden, bekommt er Walnut und Honeysuckle.
Erscheint das Schreien als Ausdruck einer zwanghaften Neurose, können Rock Water, Chestnut Bud und Gentian helfen. Geben Sie je 1 Tropfen ins tägliche Trinkwasser.

Vor- und Nachsorge

Um übertriebenes Gekreische abzustellen, ist viel Geduld nötig. Belohnen Sie Ihren Vogel, wenn er nicht schreit, und strafen Sie ihn mit Nichtbeachtung oder Abdecken des Käfigs bei anhaltendem Geschrei. Sie können ihn auch in einen anderen Raum bringen, bis er mit dem Schreien aufhört. Wenn der Vogel das Kreischen beendet hat, sollten Sie sich intensiv mit ihm beschäftigen – als Belohnung für sein angenehmes Verhalten.

Sexuelle Probleme

Normalerweise würgt das Männchen als Teil der Balz Nahrung aus, um seine »Angebetete« damit zu füttern.

Krankheitsbild

A) In Ermangelung eines echten Vogelpartners neigen vor allem männliche Vögel dazu, Nahrungsbrei über Ersatzobjekte auszuwürgen. Der Vogel »erbricht« über sein eigenes Federkleid, über Spiegel, Spielzeug, einen anderen Vogel oder auch den Arm des Besitzers. Außerdem kann es zu Paarungsversuchen kommen.
B) Einzeln gehaltene weibliche Vögel legen ständig zahlreiche Eier.

Ursachen

Vögel haben einen starken Paarungstrieb, und Einzelhaltung führt bei beiden Geschlechtern zu Verhaltensproblemen.
A) Der Vogel hat sich das Spielzeug, einen gleichgeschlechtlichen Vogel oder den Tierhalter als Ersatz-Partner ausgewählt. Das Auswürgen des Nahrungsbreis als Balzfütterung stellt eine besondere Liebeserklärung dar.
B) Das Vogelweibchen hat sich wahrscheinlich den Halter als Partner ausgesucht. Es kommt zu Störungen des Hormonhaushaltes.
Aber auch Eierstocktumoren können sich so bemerkbar machen.

Selbstmaßnahmen

A) Am besten wäre es, Sie würden Ihrem Vogel einen passenden Partner zugesellen.
Wenn dies nicht möglich ist, sollten Sie als Hilfsmaßnahme alle Gegenstände, die der Vogel versucht zu »füttern«, vorübergehend aus dem Käfig entfernen.
B) Nehmen Sie dem Weibchen die Eier nicht weg. Sie provozieren dadurch nur, daß es krampfhaft weiterlegt.
Wenn es einen vollen Brutzyklus durchlaufen kann, legen sich die Probleme oft – zumindest vorübergehend. Entfernen Sie anschließend das Nest.

Naturheilmittel

Geben Sie dem Weibchen zur Regulierung seines Hormonhaushaltes oral je 1 Tropfen Ovarium compositum, Hormeel und Cerebrum compositum täglich über 7 Tage.

Bach-Blüten

Von den Bach-Blüten können vielleicht Hornbeam und Impatiens dem Vogel dabei helfen, mit den nicht angemessenen Lebensumständen zurecht zu kommen. Einem fehlgeprägten Vogel erleichtert Cerato – 1 Tropfen ins tägliche Trinkwasser – die Umstellung auf den richtigen Partner.

Wann zum Therapeuten?

Notfalls kann der Tierarzt mit Hormongaben regulierend eingreifen.

Vor- und Nachsorge

Halten Sie den Vogel nicht einzeln, sondern gesellen Sie ihm einen Partner zu. Wenn nicht anders möglich, kann es auch ein Vogel einer anderen Art sein.

Rasse-Dispositionen

Oft werden beide Störungen bei Wellensittichen beobachtet, sie kommen aber auch bei anderen Vogelarten vor.

Notfälle

Unfälle

Unfälle sind meist die Folge von Unachtsamkeiten des Menschen, indem er beispielsweise den Vogel tritt oder in einer Türe einklemmt. Lebensbedrohliche Situationen können aber auch entstehen, wenn der Vogel gegen eine Scheibe geflogen ist. Es kommt zu einem massiven Trauma im Schnabel-, Kopf- und Augenbereich. Häufig tritt eine Gehirnerschütterung auf.
Der Vogel ist benommen und gerät sehr schnell in einen Schockzustand.

Sofortmaßnahmen

Transportieren Sie den Vogel ganz vorsichtig und legen Sie ihn auf eine weiche Unterlage in ruhiger, warmer Umgebung.
Blutungen stillen Sie sofort durch Betupfen mit Eisenchlorid.

- **Naturheilmittel**

Verabreichen Sie sofort 1 bis 2 Tropfen Carbo vegetabilis D200 und, wenn der Vogel bei Bewußtsein ist, alle halbe Stunde je 1 Tropfen Cerebrum compositum und Traumeel.

- **Bach-Blüten**

Geben Sie dem Vogel 1 Tropfen Rescue-Essenz auf den Kopf und von der verdünnten Lösung (1 Tropfen auf 5 ml Wasser) je nach Größe des Vogels 1 bis 5 Tropfen ein.

Hat sich das Allgemeinbefinden stabilisiert, suchen Sie den Tierarzt auf.

Blutungen

Besonders kleine Vögel haben nur sehr wenig Blut (10 % des Körpergewichtes) und können nach einer Verletzung schnell in einen lebensbedrohlichen Schock geraten und verbluten.

Sofortmaßnahmen

Blutungen müssen Sie sofort durch Betupfen mit Eisenchlorid oder Wasserstoffsuperoxid zum Stehen bringen. Blutungen aus größeren Verletzungen müssen Sie eventuell durch Abbinden oder Anlegen eines Druckverbands stillen.
Hat die Blutung aufgehört, bestreichen Sie die verletzte Stelle mit Traumeel-Salbe.

- **Naturheilmittel**

Verabreichen Sie dem Vogel alle 30 Minuten 2 Tropfen Traumeel.

- **Bach-Blüten**

Rescue-Tropfen helfen, den Verletzungsschock zu überwinden. Verdünnen Sie die Essenz (1 Tropfen auf 5 ml Wasser) und geben Sie davon 2 bis 4 Tropfen, je nach Größe, jede Stunde.

Verbrennungen und Verbrühungen

Davon sind leider relativ häufig frei in der Wohnung fliegende Vögel betroffen.

Krankheitsbild

Je nach Verbrennungsgrad sieht man an den betroffenen Stellen Hautrötungen, Blasenbildungen oder gelblich-graue Verschorfungen bis hin zu abgestorbenem Gewebe. Betroffen sind oft auch die ganzen Ständer. Die Beine schwellen stark an und sind sehr schmerzempfindlich. Das Allgemeinbefinden ist erheblich gestört.
Ausgedehnte Verbrennungen führen leicht zum Tod. Verbrannte Zehen sterben manchmal ab.

Ursachen

Frei im Zimmer fliegende Vögel, vor allem die zutraulichen und neugierigen Papageien, sind durch heiße Herdplatten, Lampen, auch Halogenleuchten, Kerzenlicht, kochende Flüssigkeiten, heißes Öl und heiße Dämpfe gefährdet, auf oder in denen sie landen.

Sofortmaßnahmen

Halten Sie die verbrannten Stellen sofort unter kaltes Wasser. Anhaftendes Öl wird vorsichtig abgewaschen. Kühlen Sie die Verbrennungen häufig. Führen Sie dem Patienten viel Flüssigkeit zu.
Bestreichen Sie die verbrannten Hautbezirke vorsichtig mit Glycerin oder Traumeel-Salbe (am besten mit Hilfe eines Wattestäbchens).
Die betroffenen Stellen werden dann täglich 2mal mit Traumeel-Salbe behandelt.

● Bach-Blüten

Geben Sie sofort nach dem Unfall die Rescue-Tropfen in verdünnter Form (2 Tropfen auf 5 ml Wasser) sowohl äußerlich direkt auf die Verbrennungen als auch innerlich 2 bis 4 Tropfen (je nach Größe des Vogels), anfangs alle 15 Minuten.
Sie helfen, den Schock zu überwinden, und geben den Zellen einen Impuls, ihre Tätigkeit wieder aufzunehmen.

● Naturheilmittel

Stellen Sie eine Mischung (zu gleichen Teilen) aus Traumeel, Causticum compositum und Echinacea compositum her und geben Sie davon dem Vogel anfangs alle halbe Stunde 2 bis 4 Tropfen (je nach Größe des Vogels) ein, später in größeren Zeitabständen.
Wenn der Patient trinkt, können Sie ihm von der Mischung auch 5 Tropfen auf ca. 10 ml Wasser verabreichen.
Ab dem 3. Tag geben Sie 2mal täglich Traumeel, Cutis compositum, Carduus compositum und Coenzyme compositum (Dosierung wie oben).

Wann zum Therapeuten?

Bei schweren Verbrennungen sollten Sie den Vogel nach der Erstbehandlung auf jeden Fall sofort zum Tierarzt bringen.

Vor- und Nachsorge

Lassen Sie Ihren Vogel nur dann frei fliegen, wenn Sie keine Töpfe, Lampen und Geräte mit großer Hitzeentwicklung benutzen. Auch Kerzen sollten nicht brennen.

Erfrierungen

Betroffen sind meist Volierenvögel in Freivolieren ohne frostfreien Aufenthaltsraum bei strenger Kälte.

Krankheitsbild

Erfrorene Körperstellen, vor allem die Füße, werden auffallend blaß und verfärben sich danach blaurot. Sie sind entweder angeschwollen und heiß oder kalt und sehr schmerzhaft. Ähnlich wie bei einer Verbrennung können sich Blasen und Geschwüre bilden. Das Gewebe kann absterben. Aufgrund des starken Juckreizes bearbeiten die Vögel die Zehen mit dem Schnabel, wobei heftige Blutungen auftreten können.

Ursachen

Erfrierungen, vor allem an den Beinen und Zehen, treten meist dann auf, wenn die Vögel bei strenger Kälte aus der warmen Unterkunft aufgeschreckt werden, an das vereiste Gitter fliegen und sich dort festhalten oder wenn sie längere Zeit am eiskalten Gitter sitzen.
Zu Erfrierungen kann es auch kommen, wenn in Freivolieren gehaltene Vögel bei Minusgraden ihr tägliches Bad im angewärmten (Trink-)Wasser nehmen. Beim anschließenden Klettern am kalten Gitterdraht frieren die Füße an.
Die befiederte Haut ist weniger gefährdet.

Sofortmaßnahmen

Bringen Sie den Vogel in einen frostfreien, aber kühlen Raum. Frische Erfrierungen waschen Sie am besten erst mit kaltem Wasser ab.
Auf die betroffenen Stellen reiben Sie mehrmals täglich Traumeel-Salbe.

Naturheilmittel

Mischen Sie Traumeel, Echinacea compositum, Cutis compositum, Carduus compositum und Coenzyme compositum zu gleichen Teilen und geben Sie dem Vogel davon stündlich 2 bis 4 Tropfen (je nach Größe) ein, ab dem 2. Tag nur noch 2mal täglich.

Bach-Blüten

Bei schlimmen Erfrierungen verabreichen Sie sofort äußerlich und innerlich die verdünnten Rescue-Tropfen, wie unter Verbrennungen auf Seite 97 beschrieben.

Wann zum Therapeuten?

Der verletzte Vogel sollte auf jeden Fall dem Tierarzt vorgestellt werden.

Vor- und Nachsorge

Verhindern Sie, daß Ihre Vögel insbesondere in sehr kalten Winternächten ans Gitter der Freivoliere fliegen können. Entweder lassen Sie die Vögel nicht aus dem frostgeschützten Bereich heraus, oder Sie müssen die Gitterstäbe von innen mit Tüchern abhängen oder Bretter oder Pappe anbringen. Grundsätzlich sollte in Freivolieren ein geschützter, wärmerer und trockener Bereich vorhanden sein, wo sich die Vögel aufhalten können.
Halten Sie einen Vogel mit Erfrierungen einzeln, so verhindern Sie, daß die anderen Käfig-/Volieren-Mitbewohner an den verletzten Stellen picken.

Wichtig: Bieten Sie den Vögeln das Trinkwasser im Winter nur in Gefäßen an, in denen sie nicht baden können.

Kreislaufschwäche und Kollaps

Der Vogel atmet plötzlich kurz und schnell, sitzt am Boden oder liegt sogar schon auf der Seite.

Sofortmaßnahmen

Transportieren Sie den Vogel in einem dunklen, weich gepolsterten, ausreichend großen und gut belüfteten Behältnis sofort zum Tierarzt, sobald der Allgemeinzustand stabilisiert ist.

Naturheilmittel
Vor dem Transport geben Sie dem Vogel sofort als Erste-Hilfe-Maßnahme 1 bis 2 Tropfen Carbo vegetabilis D200 oder Carbo vegetabilis-Injeel ein.

Bach-Blüten
Außerdem wenden Sie innerlich und äußerlich zur Stabilisierung die Rescue-Tropfen an. Dosieren Sie, je nach Größe des Tieres, 2 bis 4 Tropfen der Verdünnung (2 Tropfen der Essenz auf 5 ml Wasser).

Hitzschlag

Der Vogel sitzt oder liegt am Boden und atmet kurz und schnell.

Sofortmaßnahmen

Bringen Sie den Vogel sofort in einen abgedunkelten, kühlen Raum und besprühen ihn mit feinzerstäubtem kühlem Wasser, dem Sie einige Tropfen Rescue beigemischt haben.

Naturheilmittel
Verabreichen Sie dem Vogel sofort 1 bis 2 Tropfen Aconitum-Injeel und Carbo vegetabilis D200, wiederholen Sie dies nach 15 Minuten.

Wenn sich der Zustand stabilisiert hat, sollten Sie den Vogel dem Tierarzt vorstellen.

Vergiftungen

Vergiftungen führen bei Vögeln oft zu einem schnellen Tod oder zu schweren Leber- und Nierenschäden. Sie zeigen sich manchmal in Erbrechen und/oder Durchfällen oder örtlichen Verätzungen und Hautreizungen.

Der Vogel kann sich vergiften durch:
- Ratten- und Mäusegift
- Lötmasse oder alte Anstriche an Käfigen
- imprägniertes Holz
- Putzmittel, Desinfektionsmittel, Insektizide, Mottenkugeln
- Petroleum, Farben und Lösungen
- Bleikügelchen in den Gardinen
- Medikamente, verdorbenes Futter und Wasser, Salz (bereits 4 g sind für einen 1 kg schweren Vogel tödlich!)
- zu viele Mehlwürmer, Hanf, gespritztes Grünfutter
- giftige Pflanzen wie Dieffenbachia, Philodendron, Azalee, Alpenveilchen
- Tabak, Alkohol, Dämpfe von Teflonpfannen etc.

Meist werden Sie die Vergiftung nur vermuten können.

Sofortmaßnahmen

Bringen Sie den Vogel nach der Erstbehandlung so schnell wie möglich in einem großen, abgedunkelten Behältnis zum Tierarzt.

Naturheilmittel
Geben Sie dem Vogel sofort je 1 Tropfen Nux vomica-Homaccord, Carduus compositum und Coenzyme compositum ein, eventuell zusätzlich Arsenicum album-Injeel.
Diese Therapie sollten Sie über 2 Wochen lang fortsetzen.

Bach-Blüten
Unterstützend verabreichen Sie auch 2 bis 4 Tropfen der verdünnten Rescue-Essenz (2 Tropfen auf 5 ml Wasser).

Wichtig: Sammeln Sie frisches Grünfutter nur an Orten, an denen Sie sicher sein können, daß hier nicht gespritzt wurde und daß sich nicht zu viele Autoabgase abgelagert haben.

Legenot

Krankheitsbild

Das Vogelweibchen versucht vergeblich, durch heftiges Pressen mit der Bauchdecke ein im Eileiter steckendes Ei auszustoßen. Es ist unruhig, sitzt breitbeinig auf der Stange oder schon auf dem Boden in einer Ecke, schlägt mit dem Schwanz, läßt eventuell ein leises, jämmerliches Piepsen hören und die Flügel herabhängen.

Dem Kot ist häufig Blut beigemischt, oder es kann überhaupt kein Kot mehr abgesetzt werden.

Wenn die Legenot über längere Zeit anhält, kommt es zu schweren Störungen des Allgemeinbefindens mit Atemnot. Der Vogel ist erschöpft und sehr schockanfällig.

Ursachen

Legenot kann mehrere Ursachen haben.

Bei jungen Tieren, die das erste Mal ein Ei ablegen, kann ein noch nicht voll ausgebildeter Eileiter mit zu engen Geburtswegen verantwortlich sein.

Kälte und Vitaminmangel begünstigen Legenot.

Mißgebildete oder zu weichschalige Eier können im Eileiter nicht ausreichend weitertransportiert werden.

Sofortmaßnahmen

Wärme, z.B. Infrarotlicht, und hohe Luftfeuchtigkeit helfen oft schon. Bei großen Vögeln kann man versuchen, das Ei vorsichtig weiterzumassieren. Erscheint das Ei im Kloakenbereich, sollte mit Hilfe von Olivenöl oder Klistieren und Wärme versucht werden, das Ei manuell zu entfernen. Wenn es dabei zu Bruch geht, müssen Sie die Stücke vorsichtig mit einer Pinzette entfernen.

Anschließend behandeln Sie das Kloakeninnere und die Umgebung des Afters 3 bis 4 Tage lang mit Traumeel-Salbe.

Naturheilmittel

Jungen Vögeln, deren Geschlechtsorgane möglicherweise noch nicht voll entwickelt sind, geben Sie 1mal täglich je 1 Tropfen Pulsatilla D4 und Mucosa compositum, am besten schon mehrere Tage vor der Eiablage.

Bei Verdacht auf Legenot verabreichen Sie alle 15 bis 30 Minuten je 1 Tropfen Pulsatilla D4, Gelsemium-Homaccord und Chamomilla-Injeel forte. Diese Mittel wirken entkrampfend, lockernd und fördern die Kontraktionen.

Im fortgeschrittenen Stadium oder wenn Sie manuell eingreifen, sollten Sie außerdem unbedingt eine unterstützende Kreislauftherapie mit Cor compositum, Carduus compositum und Coenzyme compositum durchführen und dem Schock mit Carbo vegetabilis-Injeel, Aconitum-Injeel und/oder Arnica D30 vorbeugen.

Geben Sie von den genannten Mitteln je 1 Tropfen; wiederholen Sie die Therapie notfalls nach 30 Minuten.

Bach-Büten

Da es sich um einen echten Notfall handelt, sollten Sie die Rescue-Tropfen einsetzen. Sie helfen dem Vogel, die Krise zu überwinden. Verdünnen Sie 1 Tropfen Rescue mit 1 ml Wasser und geben Sie dem Weibchen davon mehrmals 2 Tropfen ein. Außerdem können Sie einen Tropfen auf die Kopfhaut träufeln.

Hilfreich ist bei Legenot auch 1 Tropfen Wild Chestnut auf 10 ml Wasser.

Wichtig: Wenn der Patient handscheu ist, vermeiden Sie die zusätzliche Aufregung und versuchen Sie die Therapie nur über das Trinkwasser (falls er trinkt). Die Gefahr, daß der Vogel einen Schock erleidet und stirbt, ist groß.

Wann zum Therapeuten?

Wenn das Ei über Stunden nicht vorankommt, sich durch vorsichtige Massage nicht weiterschieben läßt und der Vogel erschöpft wirkt, müssen Sie unbedingt zum Tierarzt.

Vor- und Nachsorge

Verpaaren Sie keine zu jungen Vögel.
Achten Sie auf ausreichende Versorgung mit Vitaminen und Mineralien und auf genügend Wärme.
Vermeiden Sie Streß durch Überbesatz.

Ertrinken

Die zutraulichen und neugierigen Wellensittiche und andere Papageien fallen leider häufig in wassergefüllte Badewannen, Schüsseln, Gießkannen oder offene Toiletten.
Sie können sich daraus nicht mehr selbst befreien und drohen zu ertrinken.

Sofortmaßnahmen

Halten Sie den Vogel kopfüber und versuchen Sie, eventuell in die Atemwege eingedrungenes Wasser durch schleudernde Bewegungen der Hand nach unten zu entfernen. Leichter Druck auf den Leib bringt vielleicht auch noch Wasser heraus. Dann transportieren Sie den Vogel, warm eingehüllt, schnellstens zum Tierarzt.

- **Bach-Blüten**

Gegen den Schock geben Sie sofort 1 Tropfen der Rescue-Essenz auf den Kopf oder unter die Flügel.

Fliegenfänger-Falle

Der frei in der Wohnung umherfliegende Vogel ist am Fliegenfänger hängengeblieben.

Sofortmaßnahmen

Schneiden Sie den Fliegenfänger ab (nicht den Vogel herunterreißen).
Läßt sich das klebrige Band nicht leicht vom Vogel lösen, sprühen Sie vorsichtig Etiketten-Löser (Etiketten-Ex) auf das Band und die anhaftenden Federn. Achten Sie unbedingt darauf, daß das Mittel weder in die Augen, in die Nähe der Atemwege noch auf die Haut des Vogels gelangt (abdecken). Mit nicht ganz so guter Wirkung können Sie auch Wundbenzin nehmen.
Dann waschen Sie die Federn gründlich mit handwarmem Wasser und einer Waschlotion oder einem milden Geschirrspülmittel aus. Spülen Sie anschließend mehrmals mit klarem Wasser nach. Weder von der klebrigen Masse noch von dem Lösungsmittel dürfen Reste an den Federn bleiben, der Vogel würde sie beim Ordnen des Federkleides mit dem Schnabel aufnehmen.
Bringen Sie den Vogel anschließend zum Trocknen in einen warmen ruhigen Raum (eventuell Rotlichtlampe einsetzen).

- **Bachblüten**

Verdünnen Sie 1 Tropfen Rescue-Essenz mit 1 ml Wasser und verabreichen Sie dem Vogel gegen den Schock davon sofort 2 Tropfen in den Schnabel und äußerlich unter die Flügel.

Praxis für den Vogelhalter

Die Gesunderhaltung seines Vogels ist das Anliegen eines jeden verantwortungsbewußten Tierhalters. Wie Sie Krankheiten rechtzeitig erkennen können, wie Sie den Vogel richtig untersuchen und im Krankheitsfall richtig ernähren, erfahren Sie auf den nächsten Seiten. Außerdem nennen wir Ihnen einige Tips und Tricks zu vorbeugenden Pflegemaßnahmen, zur richtigen Behandlung bei Verletzungen und zur Verabreichung von Medikamenten.

Praxis

Die Untersuchung

Wenn Ihr Vogel plötzlich stiller als üblich dasitzt, teilnahmslos ist, Futter oder Wasser verweigert oder sich der Kot in seiner Konsistenz (Farbe, Form, Geruch) verändert hat, sollten Sie den Vogel genauer untersuchen. Das beginnt damit, daß Sie ihn in seiner derzeitigen Umgebung sorgfältig beobachten, ohne ihn durch Berührung zu beunruhigen.

Fangen des Vogels

Kommt der Patient für eine gründliche Untersuchung nicht freiwillig auf Ihre Hand, müssen Sie ihn vorsichtig und schnell einfangen. Einfacher geht es, wenn Sie vorher die Einrichtungsgegenstände bis auf ein oder zwei Sitzstangen aus dem Käfig entfernen und den Raum abdunkeln. Lassen Sie nur ein rotes oder blaues Licht brennen, dann können Sie zwar noch genug sehen, nicht aber der Vogel. Nähern Sie sich ihm dann mit Ihrer Hand ohne Geräusch und ohne ihn zu erschrecken und ergreifen ihn von hinten.

Ist der Raum oder die Voliere nicht abzudunkeln, können Sie versuchen, den Vogel mit einem Tuch in einer Ecke zu erwischen. Werfen Sie dazu das Tuch über den Vogel. Haben Sie den Vogel in der Hand, dürfen Sie nicht zu fest auf den Brustkorb drücken, das kann bei empfindlichen Vögeln Atemstillstand und den Tod verursachen.

Vorbereitung zur Untersuchung

Für die Untersuchung nehmen Sie den Vogel in die linke Hand, bringen ihn dabei in Rückenlage und fixieren den Kopf zwischen Daumen und Zeigefinger.

Vorsicht vor den kräftigen Schnäbeln und wehrhaften Krallen der großen Papageien wie Aras oder Kakadus! Bedenken Sie, daß diese Vögel als professionelle Nußknacker Ihren Finger glatt durchbeißen könnten. Deshalb ist es sicherer, einen Papagei schnell in ein dickes Handtuch zu wickeln und den Vogel samt Handtuch mit Zeigefinger und Daumen von hinten fest um den Kopf zu fassen. Nicht wieder loslassen!

Eine wirklich zuverlässige Hilfsperson ist hierbei von Vorteil.

Wenn Sie den Papagei sicher am Beißen hindern wollen, können Sie kurzfristig auch zu einer drastischeren Methode greifen. Lassen Sie den Vogel in einen dickeren Stock beißen und wickeln Sie dann schnell vorsichtig, aber fest eine Schnur um Ober- und Unterschnabel (→ Zeichnung), um ihn auf diese Weise zusammenzubinden.

So wird der Vogel bei der Untersuchung gehalten. Vorsicht, nicht zu fest auf den Brustkorb drücken!

Papageien fixieren Sie vorsichtig mit Hilfe eines Handtuchs.

Mit dieser Zwangsmaßnahme können Sie verhindern, daß Sie bei einer Untersuchung unliebsame Bekanntschaft mit dem kräftigen Schnabel des Papageis machen.

Diese Maßnahme ist auch nützlich, wenn Sie den Papagei zwangsernähren müssen.

Die Untersuchung

Nun ist eine Beurteilung des Federkleides gut möglich. Pusten Sie dann leicht gegen das Gefieder. So können Sie die Haut darunter begutachten. Die weitergehende Untersuchung beginnt am Kopf. Prüfen Sie Nasenöffnungen und Schnabel, als nächstes die Augen und Bindehautsäcke. Nach Öffnen des Schnabels inspizieren Sie Zunge, Schleimhäute und Rachenbereich.

Dann tasten Sie Hals und Brust Ihres Lieblings vorsichtig mit Daumen und Zeigefinger ab, und anschließend mit dem Zeigefinger unter leichter Druckausübung die gesamte Oberfläche des Bauchbereiches. Danach werden After und Kloake und schließlich der Rückenbereich besichtigt.

Auch die Gliedmaßen werden durch Abtasten untersucht. Lassen Sie Flügel und Beine durch Daumen und Zeigefinger gleiten. Zum Schluß überprüfen Sie die Zehen.

Die gesamte Untersuchung muß äußerst vorsichtig erfolgen, damit es bei dem geschwächten Tier nicht zum plötzlichen Schocktod kommt.

Wichtig: Körpertemperatur und Puls können Sie beim Vogel nicht messen. Die Körpertemperatur eines gesunden Vogels beträgt je nach Art zwischen 40 und 44 °C, die Herzschlagfrequenz liegt je nach Größe und Aufregung zwischen 110 und 600 Schlägen pro Minute!

Praxis

Krankheiten erkennen

Der lebende Organismus ist ständig Reizen von innen und außen ausgesetzt, auf die er reagiert, um einen Gleichgewichtszustand zu erreichen und zu erhalten. Dieser Zustand wird als Gesundheit bezeichnet, wobei keine starren Grenzen zu ziehen sind. Die Übergänge sind gleitend. Ist das Gleichgewicht gestört, wird die Widerstandskraft des Organismus empfindlich herabgesetzt. Die ersten Krankheitszeichen treten in Erscheinung, weil sich Keime ungehindert vermehren können.

Äußere Veränderungen, z. B. an Federkleid, Haut, Schnabel und Beinen, können Sie leicht erkennen, innere Leiden sind dagegen ohne weitere diagnostische Hilfsmittel oft nur zu erahnen, da Vögel nicht so gründlich wie Hunde oder Katzen untersucht werden können.

Dieser Vogel ist krank. Das ist deutlich an seinem aufgeplusterten Federkleid zu erkennen.

Aufgeplustertes Gefieder

Sitzt ein Vogel aufgeplustert, eventuell sogar den Kopf unter das Federkleid gesteckt, zeigt er deutlich, daß er krank ist und ein erhöhtes Wärmebedürfnis hat. Sorgen Sie dafür, daß der Vogel als Erste-Hilfe-Maßnahme ausreichend Wärme bekommt, z. B. mittels einer Rotlichtlampe (→ Seite 109)

Wenn Sie mehrere Vögel halten und die anderen ähnliche Symptome zeigen, müssen Sie an eine Seuche oder eine Vergiftung (→ Seite 99) denken.

Verklebte Nase und Augen

Feuchte, verschmutzte oder gar verklebte Nasenlöcher sprechen für eine Erkrankung der oberen Atemwege, z. B. Schnupfen (→ Seite 44). Gleichzeitig schüttelt der Vogel den Kopf und bohrt mit den Zehennägeln in der Nase.

Sind zusätzlich das Allgemeinbefinden gestört und das Gefieder aufgeplustert, eventuell auch die Augen verklebt, muß mit einer Erkrankung der tieferen Atemwege gerechnet werden (→ Seite 45).

Verschmutzte Kloake

Ist die Kloake verschmutzt oder gerötet, kann eine Entzündung der Kloake selbst oder des Darmes vorliegen.

Zusätzliche Hinweise gibt die Kotbeschaffenheit. Sehen die Ausscheidungen normal aus (→ unten), liegt eine begrenzte Entzündung der Kloake vor. Ist der Faeces-Anteil (der eigentliche Kot) in den Ausscheidungen in der Farbe verändert, dünner als sonst, schmierig und mit dem Harnanteil vermischt, dann hat der Vogel Durchfall (→ Seite 52). Davon ist die Polyurie (→ unter Nierenentzündung) zu unterscheiden!

Die Ausscheidungen eines gesunden Vogels bestehen aus zwei gut unterscheidbaren Bestandteilen, der dunkelbraun-grünen Faeces und der weißen, cremigen Harnsäure. Die Faeces ist bei den meisten Körnerfressern pastös geformt, bei Weichfressern eher breiig und von feuchter Konsistenz.

Nierenentzündung

Der eigentliche Kot aus dem Darm ist normal geformt (→ oben), aber der Harnanteil ist wäßrig und krankhaft vermehrt (Polyurie). Urat (weißliche Harnsäure) und Urin vermischen sich miteinander. Auf einem Stück Papier oder Zellstoff kann man deutlich erkennen, wie der Harnanteil zerfließt.
Zu Nierenentzündung → Seite 57.

Abmagerung oder Fettsucht

Bei der Untersuchung der Brust können Sie den Ernährungszustand des Vogels und dadurch eventuell verborgene Stoffwechselstörungen ertasten. Normalerweise ist die Brust eines gesunden, gut genährten Vogels leicht gerundet und glatt.
Tritt das Brustbein spitz hervor, ist der Vogel abgemagert und schon seit längerer Zeit krank. Neben Stoffwechselstörungen könnte das auch ein Hinweis auf Endoparasiten sein.
Wenn die Brust auf einer Seite ganz flach, auf der anderen aber gerundet ist, kann das die Folge einer Funktionsstörung des jeweiligen Flügels (z. B. Bruch, Luxation oder Gelenkentzündung) sein.
Wölbt sich die Brust deutlich vor, vielleicht sogar mit fühlbarer Auflagerung, ist der Vogel zu fett. Das ist ein Hinweis auf Überfütterung, fehlende Bewegung und eventuell eine Schilddrüsenunterfunktion (→ Seite 76).

Wichtig: Bei der Kontrolle des Ernährungszustands dürfen Sie auf keinen Fall zu fest auf den Brustbeinkamm drücken, da Sie sonst die Atmung Ihres Vogels behindern.

Der hängende Flügel ist ein Hinweis auf einen gebrochenen Flügel.

Bewegungsstörungen

Lahmheit, unsicherer Stand, Hängenlassen eines Flügels und Flugunfähigkeit weisen auf eine Erkrankung des Bewegungsapparates hin (z. B. Gelenkgicht, Entzündungen der Gelenke, → Seite 59, 84, Verstauchung, Ausrenkung, Fraktur, → Seite 82 und 83).
Die genaue Untersuchung in der Hand gibt dazu nähere Befunde.
Plötzlich auftretende Lähmungen sprechen aber auch für Vergiftungen (→ Seite 90, 99) oder Virusinfektionen.
Langsam fortschreitende Lahmheiten können tumorbedingt (→ Seite 79) oder Folge einer Mangelerkrankung sein.

Praxis

Praktische Hilfe

Einfache Brüche eines Laufknochens oder eines Flügels können Sie bei kleineren Vögeln notfalls selbst schienen – vorausgesetzt, Sie haben ausreichende Erfahrung. Das gleiche gilt für Verstauchungen (→ Seite 82 und 83).

Wichtig: Grundsätzlich gehören Brüche in die Hände des Tierarztes!

Schienen eines Beins

Ist der Laufknochen gebrochen, so muß er mit geeignetem Material geschient werden. Je nach Größe des Vogels eignen sich dafür aufgeschnittene Strohhalme, Spritzen oder andere Hülsen, daneben auch Zahnstocher, denen Sie die Spitzen abgebrochen haben, oder Federkiele.
Bestreichen Sie die Bruchstelle dick mit Traumeel; anschließend bringen Sie die Knochenenden in richtiger Stellung zusammen. Dann wird die vorbereitete Schiene von den Zehen bis zum nächsten Gelenk angelegt, an den Enden mit wenig Watte gepolstert und mit Klebeband oder Pflaster für 2 bis 3 Wochen fixiert. Auch Tesakrepp kann hierfür gute Dienste leisten.

Verband bei gebrochenem Flügel

Einen gebrochenen Flügel müssen Sie ruhigstellen, nachdem Sie ihn und die Bruchenden wieder sorgfältig in die richtige Lage gebracht haben.
Fixieren Sie den verletzten und den gesunden Flügel am Körper, indem Sie die Mullbinde kreuzweise zwischen den Beinen durchführen und sie auf dem Rücken verknoten. Dabei müssen Sie unbe-

Mit einer Hülse, z. B. einem Strohhalm, und Klebeband wird ein Bruch des Laufknochens geschient.

Der Verband zur Ruhigstellung des gebrochenen Flügels darf den Vogel nicht einschnüren. Beine und Kloake müssen frei bleiben.

Die Halskrause aus Schaumstoff hindert den Papagei daran, einen Verband abzuknabbern.

dingt darauf achten, daß die Ständer und die Kloake freibleiben und daß der Verband nicht zu fest sitzt und den Vogel bei der Atmung und Futteraufnahme behindert.
Dieser Verband hat den Vorteil, daß er sehr leicht wieder entfernt werden kann.
Je nach Art des Vogels kann es nötig sein, über den Verband noch ein Klebeband zu legen. Achten Sie jedoch darauf, daß es nicht mit den Federn verklebt, das gibt nur unnötige Probleme beim späteren Entfernen.
Sinnvoll ist es, noch mit einem weiteren schmalen Verband zur Sicherheit die Flügelspitzen am Schwanz zu fixieren.
Bei einem komplizierten Bruch oder wenn die Knochenenden nicht in richtiger Lage zusammenwachsen, kann es passieren, daß der Vogel nicht mehr fliegen kann. Deshalb im Zweifel hier lieber zum Tierarzt gehen!

Anlegen einer Halskrause

Um Papageien davon abzuhalten, die Verbände wieder abzuknabbern, muß eine Halskrause aus Schaumstoff umgelegt werden. Dazu wird ein Stück fester Schaumstoff in passender Größe zugeschnitten, locker um den Hals gelegt und zusammengeklebt.

Wichtig: Achten Sie darauf, daß die Halskrause locker sitzt und das Tier weder beim Fressen noch beim Atmen behindert.

Wärmen eines Vogels

Ist der Vogel aufgeplustert, verschnupft oder hat Legenot, wird ihm Wärme guttun. Stellen Sie einen Infrarot-Dunkelstrahler (150 bis 250 Watt) im Abstand von 30 bis 40 Zentimetern vom Käfig auf. Ein Teil des Käfigs darf nicht bestrahlt werden, damit der Vogel bei Bedarf einen kühleren Ort aufsuchen kann. Die Temperatur im Strahlungskegel sollte 35 °C nicht überschreiten. Wenn es dem Vogel besser geht, reduzieren Sie die Temperatur langsam, indem Sie den Abstand zwischen Lampe und Käfig vergrößern.
Auch ein Heizkissen oder notfalls eine Wärmflasche, die Sie in den Käfig unter den Sand legen, kann dem Vogel die nötige Wärme geben.
Sorgen Sie gleichzeitig immer für hohe Luftfeuchtigkeit, indem Sie ein feuchtes Tuch an den Käfig hängen.

Wichtig: Bei Lahmheiten oder Lähmungen kann zusätzliche Wärme eher schädlich sein.

Praxis

Vorbeugende Pflegemaßnahmen

Vögel stellen hinsichtlich der Körperpflege keine großen Ansprüche. Das meiste machen sie selbst, wenn sie die Möglichkeit dazu haben.
Einen verklebten Schnabel wetzen sie beispielsweise an der Sitzstange oder an einem rauhen Stein. Auch die Krallen nutzen sich auf verschieden dicken Naturholz-Sitzstangen oder am Käfigboden allein ab.
Einige Pflegemaßnahmen sind aber trotzdem nötig, um die Gesundheit Ihrer gefiederten Freunde auch in Gefangenschaft zu erhalten.

Schnabelpflege

Bei Papageien ist es sinnvoll, einmal wöchentlich den Schnabel und die Wachshaut mit Jodglycerin oder Teebaumöl zu bestreichen. Das hält den Schnabel elastisch und glänzend und beugt Schnabelräude und Pilzbefall vor.
Kontrollieren Sie regelmäßig den Schnabel auf Deformationen (→ Seite 37). Korrekturen sollten Sie etwa alle 4 Wochen durchführen, damit der Vogel bei der Nahrungsaufnahme nicht behindert wird, sich weiterhin pflegen kann und sich nicht verletzt. Am einfachsten geht das mit einer Feinbohrmaschine. Lassen Sie sich die Technik aber das erste Mal vom Tierarzt zeigen. Wenn Sie sich die Arbeit nicht zutrauen, sollten Sie lieber jedes Mal zum Tierarzt gehen.
Bei Körnerfressern und Weichfressern ist nur in seltenen Fällen Schnabelpflege nötig.

Nasenpflege

Papageien, die im Haus gehalten werden, sollten wegen der sehr trockenen, staubhaltigen Luft alle 2 bis 4 Wochen eine Nasenspülung bekommen. Auf jedes Nasenloch werden – je nach Größe des Vogels – 1 bis 5 Tropfen physiologische Kochsalzlösung gegeben. Der Vogel sollte die Tropfen in die Nase ziehen. Dadurch werden die Schleimhäute gereinigt. Einer Schleimhautreizung wird vorgebeugt.

Wichtig: Allen Vogelarten tut es gut, wenn Sie bei Zimmerhaltung mindestens einmal wöchentlich den Käfig mit physiologischer Kochsalzlösung einnebeln, um damit die Atemluft und die Atemwege zu befeuchten.
Dem Federkleid schadet das nicht.

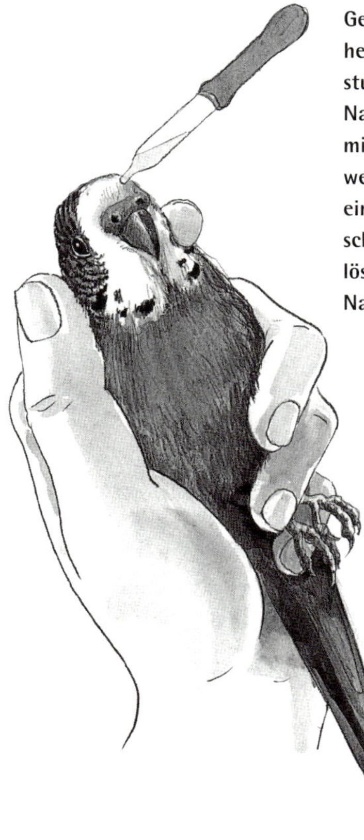

Gegen Trockenheit und Verkrustungen in der Nase träufeln Sie mit einer Pipette wenige Tropfen einer physiologischen Kochsalzlösung auf die Nasenlöcher.

Gefiederpflege

Um Federkleid und Haut zu pflegen, sollten Sie Ihre Vögel einmal wöchentlich mit Exner Petguard einsprühen. Sie beugen damit außerdem einem Befall mit Ektoparasiten und Pilzen vor.
Bei Erkrankungen der Bürzeldrüse wird das Gefieder mindestens zweimal wöchentlich mit diesem Mittel benetzt.
Zur Federpflege gehört auch ein ausreichend großes Vogelplanschbecken, das so tief ist, daß der Vogel sich wirklich voll benetzen kann, ohne zu ertrinken. Vor allem Vögel aus den feuchttropischen Gebieten sind dankbar, wenn sie einmal täglich mit lauwarmem Wasser von oben abgebraust werden. Mit dem Wasser werden Staub und Keratinteile aus dem Gefieder gespült.

Wichtig: Verwenden Sie dazu frisches Wasser, und säubern Sie das Sprühgerät regelmäßig!

Krallen- und Fußpflege

Spätestens, wenn der Vogel die Sitzstangen nicht mehr richtig umgreifen kann oder wenn die Krallen sich drehen, ist es nötig, diese mit einer speziellen feinen Krallenzange zu kürzen. Dabei muß unbedingt auf die richtige Schnittführung in Richtung des Hornwachstums geachtet werden, um Verletzungen vorzubeugen (→ Zeichnung).

Wichtig: Schneiden Sie nicht zu weit ab, sonst verletzen Sie die Blutgefäße und tun dem Vogel weh. Blutungen können lebensgefährlich sein und müssen sofort mit Eisenchlorid gestillt werden.
Wenn Sie im Krallenschneiden unsicher sind, gehen Sie lieber zum Tierarzt!

Anschließend werden die Krallen mit Jodglycerin eingestrichen, um zu vermeiden, daß das Horn splittert.

Achten Sie beim Krallenschneiden auf die richtige schräge Schnittführung (siehe Zeichnung). Nicht zu kurz schneiden!

Alle 3 bis 4 Wochen sollten Sie die Zehen und Beine mit Jodglycerin oder Teebaumöl einstreichen. Damit beugen Sie Kalkbeinmilben (→ Seite 67), Hyperkeratose (→ Seite 87) und Fußballengeschwüren (→ Seite 86) vor.

Wichtig: Verwenden Sie niemals Sandpapierüberzüge für Sitzstangen! Nehmen Sie Naturholz-Sitzstangen.

Praxis

Verabreichen von Medikamenten

Auch bei der besten Pflege und Haltung kann ein Vogel krank werden und auf Heilmittel angewiesen sein.

Mit dem Futter

Über das Futter sollten Heilmittel im allgemeinen nicht verabreicht werden, denn kranke Tiere verweigern die Nahrung häufig ganz oder nehmen nur wenig zu sich. Außerdem werden Körner vor dem Verzehr entspelzt, so daß der an der Spelze haftende Wirkstoff überhaupt nicht zum Ziel gelangt.
Möglich ist die Verabreichung der Medizin allerdings mit Weichfutter (→ Seite 115), sofern die Vögel noch ausreichend Nahrung aufnehmen. Aus diesem Grund sollten Sie auch Papageien und Körnerfresser rechtzeitig an Weichfutter gewöhnen, um ihnen auf diesem Weg Zusatzstoffe geben zu können.
Manche Vogelliebhaber greifen zu dem Trick, Mehlwürmer mit Vitaminen und Mineralien oder anderen Medikamenten zu füttern und diese »lebendige Pille« dann dem Vogel als besondere Leckerei anzubieten.

Mit dem Trinkwasser

Die Therapie über das Trinkwasser ist ebenfalls problematisch. Der Geschmack des Wassers kann sich durch das Medikament so verändern, daß der Vogel das Wasser ablehnt. Manche Vogelarten können notfalls tagelang ohne zusätzliches Wasser auskommen!
Vitamine, Jodtropfen und Traubenzucker bilden eine Ausnahme – damit versetztes Wasser wird meist gern getrunken.

Direkt in den Schnabel

Das direkte Eintropfen des Therapeutikums in die Schnabelhöhle ist die sicherste Verabreichungsmethode. Sie sollte bei der Erstbehandlung in jedem Fall angewandt werden. Achten Sie aber auf die richtige Lagerung des Patienten. Der Körper des Vogels wird leicht schräg aufwärts gehalten, der Kopf wird mit Daumen und Zeigefinger fixiert.
Das flüssige Mittel sollte mit einer Pipette, die mit der Öffnung an ihrer Spitze auf die Spitze der oberen Schnabelhälfte gesetzt wird, ganz langsam eingeflößt werden.
Diese Verabreichungsmethode ist sowohl bei Vögeln mit geradem Schnabel als auch bei Papageienschnäbeln möglich. Papageien können Sie das Heilmittel auch direkt einträufeln. Dann müssen Sie allerdings eine Plastikspritze ohne Nadel verwenden. Papageien beißen sicher auf die Glaspipette und zerbrechen sie.
Normalerweise schluckt der Patient das Heilmittel gut. Wenn nicht, müssen Sie den Vorgang sofort abbrechen und zum Tierarzt gehen!

Ampullen

Verwenden Sie am besten homöopathische Mittel aus der Ampulle. Sie enthalten keinen Alkohol und werden ohne besonderen Widerstand aufgenommen.
Vom Hersteller sind die Ampullen mit einem Punkt markiert. Dort ist der Hals der Ampulle als Sollbruchstelle eingeritzt. Drehen Sie den Punkt

Setzen Sie die Pipette an der Schnabelspitze an und flößen Sie ganz vorsichtig wenige Tropfen des Medikaments ein.

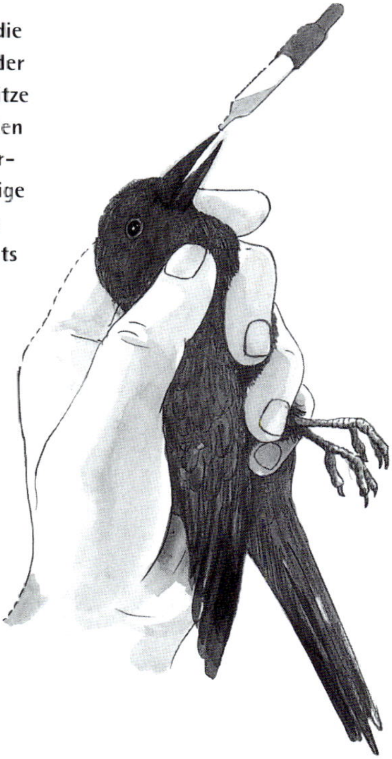

Bei Papageien wird das Medikament langsam mit einer Plastikspritze ohne Nadel in den Schnabel getröpfelt.

zu sich und brechen Sie den Kopf zur entgegengesetzten Seite ab. Dann können Sie das Präparat mit einer Pipette leicht entnehmen und wie oben beschrieben eingeben.

Den Rest verschließen Sie mit einem Stück Tesafilm und bewahren ihn senkrecht (z. B. in einem Schnapsglas) am besten im Kühlschrank auf.

Salben, Tinkturen, Sprays

Salben und Tinkturen tragen Sie mit Hilfe eines Wattestäbchens (bei kleinen Flächen) oder eines Tupfers oder mit dem Finger (bei größeren Flächen) auf. Damit läßt sich das Mittel auch gut verstreichen.

Das Einsprühen des Federkleides erfolgt in einem Abstand von etwa 20 Zentimetern. Der Sprühstrahl sollte weich sein, die einzelnen Tröpfchen fein. Wenn Sie den Vogel gegen Parasiten behandeln wollen, müssen Sie zusätzlich alle Federn anheben, um auch bis zur Haut durchzudringen. Wärmen Sie dann das Sprühmittel vorher leicht an!

Inhalieren

Kochen Sie einen Sud (z. B. aus Kamille) und stellen Sie ein Gefäß mit dem heißen Inhalt in den Käfig. Das Gefäß müssen Sie natürlich gut mit einem Sieb oder engmaschigen Gitter abdecken. Dann legen Sie ein dickes Badetuch oder eine Decke um den Käfig, um den Dampf darin zu halten. Lassen Sie den Patienten täglich 15 bis 30 Minuten inhalieren, bis zur Besserung.

Praxis

Fütterung kranker Vögel

Manche Krankheiten erfordern bestimmte Diäten, um den Heilungsprozeß zu unterstützen oder um Verschlimmerungen zu vermeiden.
Eine gute Mineralstoff- und Spurenelementversorgung kann durch Sepiaschalen erreicht werden. Sie sollten Ihren Vögeln immer zur Verfügung stehen. Mineralstoffe und Spurenelemente sind u. a. wichtig für den Aufbau von Knochen oder Gewebe.

Zwangsfütterung

Sie ist erforderlich, wenn der Vogel keine Nahrung mehr aufnimmt, denn durch ihren hohen Grundumsatz geraten die Vögel bei Nahrungsverweigerung sehr schnell in einen äußerst problematischen Zustand.
Stellen Sie eine Lösung her aus:

40 ml Catosal
40 ml physiologische Kochsalzlösung
5 ml Tricrescovit
2 Teelöffel Vitamin-C-Pulver
5 Teelöffel Traubenzucker
½ Teelöffel Calciumchlorid

und geben Sie davon mittels einer Pipette kleine Mengen tröpfchenweise in kurzen Abständen ein. Sie können sich diese Mischung auch beim Tierarzt herstellen lassen.
Zur Zwangsfütterung von Papageien und Beos eignen sich außerdem Babybrei-Gläschen (Obst/Fruchtsalat und Frühlingsgemüse), denen Sie noch eine Vitamin-Mineralstoffmischung zusetzen, z. B. Korvimin ZVT.

Aufbaukost/Aufzuchtnahrung für Papageien

(nach einem Rezept aus dem Zoo von San Diego)

Weizenkeimflocken
Gevral Protein
Pellets für Forellen (45 % Rohproteingehalt)
geschälte Sonnenblumenkerne
feingehackter Salat
Maissirup
frischer Eidotter
Vitamin-Mineralstoffpulver
wenig jodiertes Salz
L-Cystein (essentielle Aminosäure)
Calcium-Lactat

Stärkungsmittel

Lassen Sie

- je 20 g Kalmuswurzel und Wacholderbeeren
- je 10 g Anis und Fenchel
- Kandiszucker

in einem Liter 96%igen Alkohol einige Tage ziehen. Davon geben Sie dann zur Stärkung 1 ml auf 100 ml Trinkwasser.

Diät bei Lebererkrankungen

Das Futter sollte grundsätzlich protein- und fettarm sein. Geben Sie viel Obst und Grünzeug und über das Trinkwasser zusätzlich Vitamine und Aminosäuren.
Bewährt hat sich auch – vor allem bei kranken Papageien – eine Fütterung mit Babykost-Gläschen (Früchte- und Gemüsezubereitungen).
Bei Verdacht auf eine Lebererkrankung geben Sie über das Trinkwasser eine Leberschutzlösung.
Mischen Sie

100 ml Glukose
5 ml Hepsan Sirup
10 ml Multivitaminsaft
15 ml Plastisan
5 ml Catosal

und geben Sie davon 1 ml auf 100 ml Trinkwasser. Bei direkter Eingabe verabreichen Sie je nach Größe 1 bis 5 Tropfen pro Tag.

Nierenschutzlösung

Bei Erkrankungen des Harnapparates und der Nieren (→ Seite 57) empfiehlt sich eine Tyrode-Lösung als Tränke.
Mischen Sie dazu

8,0 g Natriumchlorid
0,13 g Calciumchlorid
0,2 g Kaliumchlorid
0,1 g Magnesiumchlorid
0,05 g Natriumhydrogenphosphat
1,0 g Natriumhydrogencarbonat

in einem Liter Wasser. Zusätzlich sollte Vitamin A und 100 ml Glukose zugesetzt werden.
Die Lösung können Sie auch beim Tierarzt oder in der Apotheke herstellen lassen.

Magen-Darm-Tee

Um Magen-Darmstörungen und Gicht vorzubeugen und den gesamten Stoffwechsel anzuregen, hat sich folgender Tee aus getrockneten Heilpflanzen bewährt.
Mischen Sie

- je 10 g von Anis, Thymiankraut, Salbeiblättern, Ringelblumenblüten, Kümmel, Johanniskraut, Schafgarben-, Brennessel- und Wermuthkraut
- 50 g Brombeerblätter
- 30 g Spitzwegerich
- 20 g Brennesselwurzel

und lassen Sie davon 1 gehäuften Eßlöffel in einem Liter kochenden Wasser 10 bis 15 Minuten ziehen. Den abgeseihten, abgekühlten Sud reichen Sie den Vögeln einmal wöchentlich anstelle des Trinkwassers.
Bereiten Sie den Tee immer frisch zu!

»Light-Futter« für große Papageien

Die handelsüblichen Futtermischungen aus großen Samen und Getreide sind oft sehr fettreich und nicht gut ausbalanciert.
Versuchen Sie diese Mischung:

- 1/3 Möhren, Äpfel, rote Beete
- 1/3 Sojabohnen, grüne Erbsen, Kichererbsen, Mais
- 1/3 Perlgraupen, Sonnenblumenkerne, Weizen.

Weichen Sie die Leguminosen und Körner über Nacht ein.
Zusätzlich geben Sie Pinienkerne und Vitamin-Mineralstoffmischung, tierisches Eiweiß, Obst und Grünfutter.

Weichfutter

Ein solches Futter sollten Sie reichen, wenn Ihr Vogel nicht gut fressen kann, etwa bei Verletzungen des Schnabels.
Nehmen Sie z. B. Quark, hartgekochtes Ei, Eibiskuit oder eingeweichten Zwieback, Weichfressermischung, Bananen, gekochten Reis, geriebene Möhre etc. und Multivitaminzusätze.

Diät-Tips für Papageien

- ✔ Um Fettsucht zu vermeiden, geben Sie auch größeren Papageien kleine Sämereien und viel Obst, Grünfutter und Holz zum Abknabbern.
- ✔ Zur Beschäftigung können Sie kleinere Mengen Pinienkerne anbieten.
- ✔ Vermeiden Sie möglichst Erdnüsse mit Schalen. Diese enthalten oft Aspergillus-Pilzsporen.
- ✔ Geben Sie Ihren Papageien keinesfalls nur Sonnenblumenkerne. Sie enthalten zu viel Fett und führen zu Mangelsituationen.

Verzeichnis der Naturheilmittel

Im folgenden finden Sie alle Naturheilmittel im Überblick, die im Buch für Selbstmaßnahmen, begleitende Therapien oder Vor- und Nachsorge erwähnt sind.
Die aufgeführten Anwendungen beziehen sich in erster Linie auf die hier vorgeschlagenen Indikationen (→ Seite 122) und sind nicht abschließend. Die Mittel haben ein breiteres Wirkungsspektrum.
Wenn hinter dem Präparatnamen der Zusatz »Injeel« auftaucht, so handelt es sich um ein homöopathisches Einzelmittel im Potenzakkord, d.h., das Mittel enthält Einzelmittel meist in den Potenzen D10 oder D12, D30 und D200. »Injeel forte« heißt, daß zu den genannten eine tiefere Potenz dazukommt (meist D3, D4 oder D6).

Die aufgeführten homöopathischen Einzel- oder Komplexmittel sind alle als Ampullen erhältlich (Injektionslösung). Diese Ampullen sind auch als Trinkampullen geeignet, die Mittel können direkt eingenommen werden. Die Ampullen haben meist einen Inhalt von 1,1 oder 2,2 ml und tragen manchmal ein »S«, »N«, »P« oder »T« hinter ihrer Bezeichnung. Diese Buchstaben haben aber für Sie keine weitere Bedeutung. Darüber hinaus sind einige Mittel zusätzlich noch in 5-ml-Ampullen abgefüllt für den Gebrauch in der Veterinärmedizin. Sie tragen die Aufschrift »ad us. vet.«.

Die Ampullen erhalten Sie in Apotheken in einer Verpackung von mindestens 5 Stück oder beim naturheilkundlich orientierten Tierarzt (hier auch eventuell als Einzelampullen).
Die Präparate gibt es zum Teil auch in Tablettenform oder Tropfen. Die Tabletten sind vor allem kleineren Vogelarten schlecht einzugeben und für einige Arten wegen der enthaltenen Laktose unverträglich; die Tropfen sind als alkoholische Lösung nicht für Vögel geeignet.

Einzel- und Komplexmittel

Aconitum-Homaccord (Heel)
Inhaltsstoffe: Aconitum, Eucalyptus, Ipecacuanha im Potenzakkord
Anwendung: hochakute Infekte der Atemwege, Kreislaufversagen.

Aconitum-Injeel (Heel)
Inhaltsstoffe: Aconitum im Potenzakkord
Anwendung: hochakute entzündliche Erkrankungen der Atemwege, Angst, Augenentzündungen, Schock, Hitzschlag.

Argentum nitricum D30 (DHU)
Inhaltsstoffe: Argentum nitricum D30
Anwendung: Lähmungen, Koordinationsprobleme.

Arnica D30 und D200 (DHU)
Arnica-Injeel (Heel)
Inhaltsstoffe: Arnica in mehreren Potenzen
Anwendung: Gehirnerschütterung, Schock, Verletzungen (Blutungen) durch Schlag oder Quetschen, Entzündungen.

Arsenicum album-Injeel (Heel)
Inhaltsstoffe: Acidum arsenicosum im Potenzakkord
Anwendung: Vergiftungen, große Erschöpfung, Entzündungen und schwere Infektionen aller Organe, Gangrän.

Belladonna-Homaccord (Heel)
Inhaltsstoffe: Belladonna und Echinacea im Potenzakkord
Anwendung: lokalisierte Entzündungen; nach Fremdkörperentfernung.

Berberis-Homaccord (Heel)
Inhaltsstoffe: Berberis, Colocynthis und Veratrum im Potenzakkord
Anwendung: Entzündungen der Harnorgane und der Leber, Durchfall, Gicht.

Bufo-Injeel (Heel)
Inhaltsstoffe: Bufo im Potenzakkord
Anwendung: derbe Hautbläschen.

Cactus compositum (Heel)
Inhaltsstoffe: Crataegus D2, Spigelia D5, Kalium carbonicum D5, Cactus D3, Glonoinum D5
Anwendung: Herzschwäche.

Calcium fluoratum D12 (DHU)
Inhaltsstoffe: Calcium fluoratum D12
Anwendung: Stockmauser.

Calcium jodatum D12 (DHU)
Inhaltsstoffe: Calcium jodatum D12
Anwendung: Schilddrüsenunterfunktion, Kropf.

Calcium phosphoricum-Injeel (Heel)
Inhaltsstoffe: Calcium phosphoricum im Potenzakkord
Anwendung: Gicht, Rachitis.

Cantharis compositum (Heel)
Inhaltsstoffe: Cantharis D4, Acidum arsenicosum D8, Mercurius solubilis Hahnemanni D8, Hepar sulfuris D8
Anwendung: Steigerung der Abwehr bei Nierenentzündung.

Carbo vegetabilis D200 (DHU)
Carbo vegetabilis-Injeel (Heel)
Inhaltsstoffe: Carbo vegetabilis in mehreren Potenzen
Anwendung: Schock, Hitzschlag, Kreislaufkollaps.

Carcinoma hepatitis-Injeel (Heel)
Inhaltsstoffe: Nosodenpräparat (→ Seite 122) im Potenzakkord
Anwendung: unterstützend bei Lebertumoren.

Carduus compositum ad us. vet. (Heel)
(anderer Name: Hepeel)
Inhaltsstoffe: Carduus marianus D1, Chelidonium D3, China D2, Colocynthis D5, Lycopodium D2, Nux moschata D3, Veratrum D5, Phosphorus D5
Anwendung: Leberfunktionsstörung, Leberdegeneration, Stoffwechselanregung, Vergiftungen, Stockmauser.

Causticum compositum (Heel)
Inhaltsstoffe: Causticum Hahnemanni D3, Arnica D4, Pulsatilla D6, Sulfur D12 u.a.
Anwendung: Verbrennungen.

Cerebrum compositum (Heel)
Inhaltsstoffe: Cerebrum suis D8, Hepar suis D8, Thuja D6, Ignatia D8, China D4, Conium D4, Aconitum D4, Gelsemium D4, Aesculus D4 u.a.
Anwendung: Gehirnerschütterung, Erkrankungen des zentralen Nervensystems, Entwicklungsstörungen, Federrupfen.

Chamomilla-Injeel forte (Heel)
Inhaltsstoffe: Chamomilla im Potenzakkord
Anwendung: Entzündungen, Schmerzzustände, Legenot.

Chelidonium-Homaccord (Heel)
Inhaltsstoffe: Chelidonium, Belladonna, Fel tauri im Potenzakkord
Anwendung: Leberschädigung, Entzündungen des Magen-Darmtrakts.

Coenzyme compositum (Heel)
Inhaltsstoffe: Coenzym A D8, Pulsatilla D6, Hepar sulfuris D10, Sulfur D10 und viele Co-Faktoren für Fermentfunktionen und Wirkfaktoren des Zitronensäurezyklus
Anwendung: zur Anregung des Stoffwechsels und der Abwehrkräfte.

Colchicum-Injeel (Heel)
Inhaltsstoffe: Colchicum autumnale im Potenzakkord
Anwendung: Gicht, Gelenkschmerzen, Nierenentzündung.

Cor compositum (Heel)
Inhaltsstoffe: Cor suis D8, Hepar suis D8, Arnica D4, Ignatia D6, Acidum arsenicosum D8, g-Strophanthin 8 H_2O D8, Cactus D3, Glonoinum D4, Kalmia D4 u.a.
Anwendung: Herzschwäche, Anämie, Kreislaufprobleme.

Cutis compositum (Heel)
Inhaltsstoffe: Cutis suis D8, Hepar suis D8, Thuja D8, Galium D6, Sulfur D10, Urtica D4, Aesculus D6, Ledum D4, Pyrogenium D198 u.a.
Anwendung: Hauterkrankungen, Hornwucherungen, Federwachstumsstörungen.

Cuprum aceticum-Injeel (Heel)
Inhaltsstoffe: Cuprum aceticum im Potenzakkord
Anwendung: Herz- und Kreislaufversagen, Krampfneigung.

Echinacea compositum (Heel)
Inhaltsstoffe: Echinacea D3, Aconitum D3, Sanguinaria D4, Sulfur D8, Baptisia D4, Lachesis D10, Bryonia D6, Pulsatilla D8 u.a.
Anwendung: Anregung der körpereigenen Abwehr, bakterielle Infektionen, Luftsackentzündung, Schnupfen.

Engystol (Heel)
Inhaltsstoffe: Vincetoxicum, Sulfur im Potenzakkord
Anwendung: zur Aktivierung der Abwehrkräfte bei Viruserkrankungen, Umstimmungsmittel.

Euphorbium compositum (Heel)
Euphorbium compositum-Nasentropfen (Heel)
Inhaltsstoffe: Euphorbium D4, Pulsatilla D2, Luffa D6, Mercurius D8, Mucosa nasalis suis D8, Hepar sulfuris D10 u.a.
Anwendung: Schnupfen, Nasennebenhöhlenentzündung, Luftsackentzündung.

Galium-Heel (Heel)
Inhaltsstoffe: Galium D3, Sedum acre D3, Sempervivum D4, Clematis D4, Thuja D3 u.a.
Anwendung: Aktivierung der unspezifischen Abwehr, chronische Erkrankungen, Wucherungen, leukotische Veränderungen (→ Seite 122).

Gelsemium D30 (DHU)
Inhaltsstoffe: Gelsemium D30
Anwendung: Schock, Lähmungen, Krämpfe.

Gelsemium-Homaccord (Heel)
Inhaltsstoffe: Gelsemium, Rhus toxicodendron, Cimicifuga im Potenzakkord
Anwendung: Lähmungen, Legenot.

Glyoxal compositum (Heel)
Inhaltsstoffe: Methylglyoxal D10, Glyoxal D10
Anwendung: Anregung der Giftabwehr, Geschwülste.

Graphites-Homaccord (Heel)
Inhaltsstoffe: Graphites, Calcium carbonicum im Potenzakkord
Anwendung: chronische trockene Ekzeme, Keratinschuppen, spröder Schnabel, Hornwucherungen, Schnabel- und Krallendeformationen.

Hepar compositum (Heel)
Inhaltsstoffe: Hepar suis D8, China D4, Lycopodium D4, Chelidonium D4, Carduus D3, Fel tauri D8, Sulfur D13 u.a.
Anwendung: Lebererkrankungen, Stoffwechselstörungen, Hauterkrankungen.

Hepar sulfuris-Injeel (Heel)
Inhaltsstoffe: Hepar sulfuris im Potenzakkord
Anwendung: Eiterungen, Fußballengeschwür.

Hormeel (Heel)
Inhaltsstoffe: Senecio D6, Acidum nitricum D4, Moschus D6, Pulsatilla D4, Sepia D6, Ignatia D6 u.a.
Anwendung: Fruchtbarkeitsstörungen, hormonbedingte Mauserstörung, hormonbedingtes Schnabelwachstum, Geschwülste, dauerndes Eierlegen.

Ignatia D30 und D200 (DHU)
Ignatia-Injeel (Heel)
Inhaltsstoffe: Strychnos ignatii in mehreren Potenzen
Anwendung: Nervosität, Trennungsschock, Lähmungen.

Lachesis compositum ad us. vet. (Heel)
Inhaltsstoffe: Lachesis D6, Pyrogenium D6, Echinacea D1, Pulsatilla D2, Sabina D3
Anwendung: Eileiterentzündung, Bauchhöhlenentzündung, infizierte Wunden.

Ledum-Injeel (Heel)
Inhaltsstoffe: Ledum palustre im Potenzakkord
Anwendung: Gicht, Fußballengeschwür.

Lycopodium-Injeel (Heel)
Inhaltsstoffe: Lycopodium im Potenzakkord
Anwendung: Pankreasstörung, Leberschäden.

Lymphomyosot (Heel)
Inhaltsstoffe: Myosotis arvensis D3, Veronica D3, Teucrium D3, Pinus D4, Juglans D3 u.a.
Anwendung: Geschwülste, Leukose (→ Seite 122), Xanthomatose.

Mucosa compositum (Heel)
Inhaltsstoffe: Mucosa suis D8, Argentum nitricum D6, Belladonna D10, Phosphorus D8, Anacardium D6, Veratrum D4, Pulsatilla D6 u.a.
Anwendung: Schleimhauterkrankungen, Luftsackentzündung, Kropfentzündung, Legenot.

Mucosa nasalis suis-Injeel (Heel)
Inhaltsstoffe: Mucosa nasalis suis im Potenzakkord
Anwendung: Schnupfen, Nasennebenhöhlenentzündung.

Naphthalin-Injeel (Heel)
Inhaltsstoffe: Naphthalinum im Potenzakkord
Anwendung: chronische Erkrankung der (unteren) Luftwege.

Natrium Homaccord (Heel)
Inhaltsstoffe: Natrium carbonicum, Natrium chloratum, Natrium nitricum im Potenzakkord
Anwendung: chronische (Schleim-) Hauterkrankung, spröder Schnabel, Schnabelräude.

Natrium muriaticum D6 (DHU)
Inhaltsstoffe: Natrium chloratum D6
Anwendung: Stockmauser, Schwäche.

Nux vomica-Homaccord (Heel)
Inhaltsstoffe: Nux vomica, Bryonia, Lycopodium, Colocynthis im Potenzakkord
Anwendung: Verdauungsstörungen, Kropfentzündung, Durchfall, Verstopfung, Ernährungsfehler, Lähmungen, Vergiftungen.

Ovarium compositum (Heel)
Inhaltsstoffe: Ovarium suis D8, Lilium tigrinum D4, Pulsatilla D18, Sepia D10, Kreosotum D8, Bovista D6, Hydrastis D4 u.a.
Anwendung: Eileiterentzündung, Eileitervorfall, hormonbedingte Mauserstörung, mangelnde Brutbereitschaft, Geschwülste am Eierstock.

Paeonia officinalis-Injeel forte (Heel)
Inhaltsstoffe: Paeonia officinalis im Potenzakkord
Anwendung: Entzündungen der Kloake und der Bürzeldrüse.

Populus compositum (Heel)
Inhaltsstoffe: Populus, Sabal, Capsicum D3, Bucco D3, Camphora D3, Apis D3, Solidago D3, Petroselinum D3, Baptisia D3, Scilla D3, Berberis D5, Cantharis D5 u.a.
Anwendung: Nierenerkrankungen, Gicht.

Psorinoheel (Heel)
Inhaltsstoffe: Psorinum D10, Medorrhinum D12, Sulfur D6, Thuja D6, Bufo D10, Luesinum D12, Natrium chloratum D12 u.a.
Anwendung: Umstimmungsmittel bei Hauterkrankungen, spröder Schnabel, Schnabelräude.

Pulmonaria vulgaris-Injeel (Heel)
Inhaltsstoffe: Pulmonaria officinalis im Potenzakkord
Anwendung: Erkrankung der unteren Luftwege.

Pulsatilla compositum (Heel)
Inhaltsstoffe: Pulsatilla D6, Sulfur D8 u.a.
Anwendung: Erkrankung der Genitalorgane, mißgebildete Eier.

Pulsatilla D4 (DHU)
Inhaltsstoffe: Pulsatilla pratensis D4
Anwendung: Legenot.

Restructa forte ST (Fides)
Inhaltsstoffe: Colchicum D4, Solidago D2, Berberis D2, Bryonia D4, Formica rufa, Lithium chloratum D3, Rhus toxicodendron D4, Silicea D6 u.a.
Anwendung: Gicht, arthritische Veränderungen, Niereninsuffizienz
erhältlich als: nur Tabletten (70 und 250 Stück).

Rhus Tox-Injeel S (Heel)
Inhaltsstoffe: Rhus toxicodendron im Potenzakkord
Anwendung: Gelenkentzündung, Lähmungen.

Silicea D12 (DHU)
Inhaltsstoffe: Acidum silicium D12
Anwendung: Stockmauser.

Solidago compositum (Heel)
Inhaltsstoffe: Solidago D3, Berberis D4, Terebinthina D6, Baptisia D4, Cantharis D6 u.a.
Anwendung: Nierenerkrankungen.

Sulfur D200 (Heel/DHU)
Inhaltsstoffe: Sulfur D200
Anwendung: chronische Erkrankungen, Kollaps.

Sulfur-Injeel forte (Heel)
Inhaltsstoffe: Sulfur im Potenzakkord
Anwendung: Hauterkrankungen, Pilzbefall, Ohrenentzündung, Xanthomatose, Umstimmungsmittel.

Testis compositum (Heel)
Inhaltsstoffe: Testis suis D4, Ginseng D4, Damiana D8, Agnus castus D6 u.a.
Anwendung: Fruchtbarkeitsstörungen beim Hahn.

Teebaumöl
Inhaltsstoffe: Melaleuca alternifolia
Anwendung: Hautprobleme, Pilzbefall, Auflagerungen
erhältlich als: ätherisches Öl.

Thuja-Injeel (Heel)
Inhaltsstoffe: Thuja occid. im Potenzakkord
Anwendung: Warzen.

Thyreoidea compositum (Heel)
Inhaltsstoffe: Thyreoidea suis D8, Galium D4, Splen suis D10, Sedum D6, Conium D4, Spongia D8, Colchicum D4, Viscum album D3 u.a.
Anwendung: Schilddrüsenerkrankungen, fettige Leberdegeneration, Tumoren.

Traumeel (Heel)
Inhaltsstoffe: Arnica D2, Calendula D2, Hamamelis D2, Millefolium D3, Belladonna D4, Aconitum D3, Mercurius D8, Hepar sulfuris D8, Chamomilla D3, Symphytum D8, Bellis perennis D2, Echinacea D2
Anwendung: Verletzungen, Prellungen, Verbrennungen, Abszesse, Verstauchungen, Knochenbrüche, Gehirnerschütterung, Schock, Ohrenentzündung, Gelenkentzündung
erhältlich als: Ampullen (4 Stück à 2,2 ml, 5 Stück à 5 ml), Salbe zur äußerlichen Anwendung (50 g und 100 g).

Ubichinon compositum (Heel)
Inhaltsstoffe: Coenzym Q_{10}, Myrtillus D4, Colchicum D4, Podophyllum D4, Conium D4, Hydrastis D4, Sulfur D8, para-Benzochinon D10 u.a.
Anwendung: degenerative Erkrankungen, Geschwülste, Giftabwehr.

Veratrum-Homaccord (Heel)
Inhaltsstoffe: Veratrum, Aloe, Tormentilla, Rheum im Potenzakkord
Anwendung: Durchfall, Kropfentzündung, Kreislauferkrankung.

Zeel (Heel)
Inhaltsstoffe: Cartilago suis, Rhus toxicodendron, Arnica, Dulcamara, Symphytum u.a.
Anwendung: Gelenkentzündung, Verstauchungen, Brüche.
erhältlich als: Ampullen (10 Stück à 2,2 ml, 5 Stück à 5 ml), Salbe zur äußerlichen Anwendung (50 g und 100 g)

Bach-Blüten

Die 38 Bach-Blüten sind über Apotheken und einige naturheilkundlich orientierte Tierärzte frei verkäuflich und als Konzentrate in 10-ml-Vorratsflaschen (= stockbottles), die Rescue-Tropfen auch in 20-ml-Fläschchen, abgefüllt.
Die einzelnen Blüten heißen:

Agrimony
(Odermennig)
Aspen
(Zitterpappel)
Beech
(Rotbuche)
Centaury
(Tausendgüldenkraut)
Cerato
(Bleiwurz)
Cherry Plum
(Kirschpflaume)
Chestnut Bud
(Roßkastanie, Knospe)
Chicory
(Wegwarte)
Clematis
(Weiße Waldrebe)
Crab Apple
(Holzapfel)
Elm
(Ulme)
Gentian
(Herbstenzian)
Gorse
(Stechginster)
Heather
(Schottisches Heidekraut)

Holly
(Stechpalme)
Honeysuckle
(Jelängerjelieber oder Geißblatt)
Hornbeam
(Weißbuche)
Impatiens
(Drüsiges Springkraut)
Larch (Lärche)
Mimulus
(Gefleckte Gauklerblume)
Mustard
(Wilder Senf)
Oak
(Eiche)
Olive
(Olive)
Pine
(Schottische Kiefer)
Red Chestnut
(Rote Kastanie)
Rock Rose
(Gelbes Sonnenröschen)
Rock Water
(spezielles Quellwasser aus einer Felsenquelle)
Scleranthus
(Einjähriger Knäuel)
Star of Bethlehem
(Doldiger Milchstern)
Sweet Chestnut
(Edelkastanie)
Vervain
(Eisenkraut)
Vine
(Weinrebe)
Walnut
(Walnuß)
Water Violet
(Sumpf-Wasserfeder)
White Chestnut
(Weiße Kastanie)
Wild Oat
(Waldtrespe)
Wild Rose
(Heckenrose)
Willow
(Gelbe Weide)

Außerdem gibt es noch die **Rescue-Tropfen** mit den Bestandteilen Cherry Plum, Clematis, Impatiens, Rock Rose, Star of Bethlehem.

Weitere empfohlene Mittel

Arnika-Tinktur (Plantavet)
Inhaltsstoffe: Tinctura Arnicae
Anwendung: stumpfe Verletzungen wie Quetschungen, Verstauchungen, Blutergüsse, Ohrenentzündungen
Handelsform: Flasche zu 100 ml

Catosal (Bayer)
Inhaltsstoffe: Butafosfan, Cyanocobalamin, Methyl-4-hydroxybenzoat, Phosphor
Anwendung: Stoffwechselstörungen, Entwicklungs- und Ernährungsstörungen der Jungtiere; bei Überanstrengung und Erschöpfung
Handelsform: Flasche zu 100 ml

Exner Petguard (Exner)
Inhaltsstoffe: Wasser, Fett, Molkeneiweiß, Zucker-Monohydrat, Asche
Anwendung: ökologisches Pflegemittel bei Ungezieferbefall, Hautpflege
Handelsform: Flasche mit 100 und 1000 ml; Sprühflasche mit 100 und 500 ml

Hepsan-Sirup (Minden)
Inhaltsstoffe: N-Acetyl-DL-menthionin, Cholinsalz, Riboflavin, Nicotinamid, Cyanocobalamin
Anwendung: chronische, subakute, leichte akute Leberentzündung, Fettleber, Leberzirrhose, Leberschutz
Handelsform: Flasche mit 100 g

Korvimin ZVT (WDT)
Inhaltsstoffe: Dicalciumphosphat, Calciumcarbonat, Molkenpulver, Hefe, Natriumchlorid, Vitamine A, D_3, E, C, B_1, B_2, B_6, B_{12}, Calcium-D-Pantothenat, Nicotinsäure, Folsäure, Biotin, Vitamin K_3, Eisen, Mangan, Zink, Kupfer, Kobalt, Jod, Molybdän, Selen und Aminosäuren
Anwendung: Ergänzung des Futters; Vitamin-, Mineralstoff- und Spurenelementmangelerscheinungen; Mauser, Streßsituationen, Wachstum, Brutzeit
Handelsform: Dose mit 200 g und 1 kg

Lebertran-Zink-Salbe (Alvetra)
Inhaltsstoffe: Lebertran, Zinkoxid
Anwendung: zur Unterstützung der Heilung bei Ekzemen, schlecht heilenden Wunden, Brandwunden
Handelsform:

Plastisan (Alvetra)
Inhaltsstoffe: Eisen(III)-Glycerophosphat, Glycerinphosphorsaures-Calcium, -Magnesium, -Natrium, Methanarsonsäure, Dinatrium, Mangan(II)-Chlorid
Anwendung: Mangelkrankheiten, Anämie
Handelsform: Flasche mit 100, 250, 500 und 1000 ml

Tricrescovit (Rhone Merieux)
Inhaltsstoffe: Vitamine A, B_1, B_2, B_6, B_{12}, Pantothensaures-Natrium, Nicotinamid, Colecalciferol-Cholesterin, Vitamin-E-acetat, Leberextrakt
Anwendung: Multivitamin-Präparat; Vitamin-B-Mangel, Stoffwechselstörungen; Leberschädigungen; während der Mauser
Handelsform: Flasche mit 50 und 100 ml

Lexikon der Fachausdrücke

Aerosol-Vaccine
Impfstoffe, die über die Atemluft aufgenommen werden.

Allopathie
Bezeichnung Hahnemanns für die der Homöopathie entgegengesetzten Heilmethoden der Schulmedizin.

Atypische Geflügelpest
Anderer Name für Newcastle-Disease, → Seite 122.

Blutkiel
Ansammlung von Blut in der wachsenden Feder.

Borstenfedern
Sie umrahmen den Schnabelansatz der Vögel und bilden auch die Augenwimpern. Borstenfedern besitzen kaum Federäste, dafür viele Tastkörperchen, die es dem Vogel ermöglichen, Reize zu empfangen.

Chlamydien
Kokkenförmige Bakterien, die in warmblütigen Tieren parasitieren. Rufen Ornithose (→ Seite 122) hervor, deshalb wird die Krankheit auch als Chlamydiose bezeichnet.

Clostridien
Unter Ausschluß von Luft lebende, gasbildende Stäbchenbakterien.

Coccidien
Darmparasiten (Protozoen), auch Kokzidien; rufen u.a. bei Kanarien die gefürchtete »Rotbäuchigkeit« hervor durch stark verdickte, blutig entzündete Darmschlingen. Können bei allen Vögeln vorkommen.
Vermehren sich über die massenhafte Ausscheidung von Oozyten. Tiere mit verminderter Abwehrkraft sind besonders gefährdet.

Dauerausscheider
Scheiden ständig Krankheitserreger aus, ohne selbst krank zu sein oder klinische Symptome zu zeigen.

Dunen
Das erste Gefieder der Küken. Die Fahnen der Dunen sind nicht durch Häkchen an den Federstrahlen verbunden (→ vordere Umschlagseite).

Ektoparasit
Schmarotzer der Haut und/oder der Federn.

Ekzem
Trockene oder nässende Hautveränderung.

Endoparasit
Schmarotzer der inneren Organe, z. B. Würmer.

Endoskopie
Betrachtung der inneren Organe mit einem speziellen optischen Gerät, das durch einen kleinen Schnitt ins Körperinnere eingeführt werden kann.

Erstverschlimmerung
Verschlimmerung der Krankheit nach der Erstbehandlung mit homöopathischen Mitteln, besonders häufig bei chronischen Erkrankungen.

Fadenfeder
Feder mit einem langen, feinen Schaft, die dicht an der Konturfeder (→ Seite 122) sitzt. Ihr Federfollikel ist mit vielen feinen Nervenendungen ausgestattet. Vermutlich arbeitet die Fadenfeder wie eine Art Antenne, die für die optimale Ausrichtung der Konturfeder sorgt.

Federfollikel
Federanlage in der Haut.

Geschwür
Tiefreichender Gewebsdefekt der Haut mit schlechter Heilungstendenz.

Grit
Kleine, feine Steinchen, wichtig für die Verdauung der Körnerfresser als »Zahnersatz«.

Halbdune
Sie liegt unter der Konturfeder. Ihre Aufgabe ist hauptsächlich die Wärmeisolierung, deshalb ist die Fahne flaumig-weich.

Harnsäure
Endprodukt des Stickstoff-Stoffwechsels, wird in der Leber gebildet und vom Vogel zusammen mit dem Kot als cremig-weißer Urat ausgeschieden.

Herzinsuffizienz
Herzschwäche; Unfähigkeit des Herzmuskels, einen ausreichenden Blutfluß aufrecht zu erhalten.

Homotoxikologie
Lehre, wonach Krankheiten der Ausdruck von Abwehrmaßnahmen gegen innere und äußere Gifte sind. Wurde von dem Arzt Dr. Hans-Heinrich Reckeweg 1952 gegründet (→ Seite 26).

Indikation
Heilanzeige. Grund zur Anwendung einer bestimmten Therapie und bestimmter Heilmittel.

Keratin
Proteine der Hornsubstanz des Schnabels, der Federn, Hornhaut und Nägel.

Kloake
Gemeinsamer Endkanal für Kot, Harn und Geschlechtsprodukte.

Konstitution
Körperliche, seelische und geistige Verfassung; Anfälligkeit für Krankheiten.

Konturfeder
Sie formen das gesamte obere Federkleid und schützen den Vogel vor Nässe. Dazu gehören Schwung-, Steuer- und Deckfedern.

Leukose
Viruserkrankung, das Immunsystem betreffend.

leukotische Veränderung
Vergrößerung der Organe des Immunsystems.

Magnetfeldtherapie
Therapie mit elektromagnetischen Wellen.

Melanismus
Dunkle Verfärbung der Haut und/oder Federn durch Pigmentzellen (Melanozyten).

Neurose
Seelische Störung, die sich in von der Norm abweichendem Verhalten äußert, z. B. übertriebene Angst, Depression, Hysterie oder zwanghafte Wiederholungen.

Newcastle-Disease
Infektionskrankheit der Augen und Atemwege bei Vögeln; wird ausgelöst durch Paramyxoviren (→ hintere Umschlagseite).

Nosode
Zubereitung aus Körperbestandteilen und Stoffwechselprodukten, die nicht mehr infektiös sind. Die Wirkung der Nosoden besteht in der Entgiftung des Körpers. Eine »Breitbandnosode« ist Psorinoheel.

oral
In den Schnabel (eingeben).

Ornithose
Infektionskrankheit, verursacht durch Chlamydien, die beim Vogel Erkrankungen vor allem der Augen und Atemwege hervorruft. Wurde früher Psittakose (Papageienkrankheit) genannt, weil für die Übertragung der Krankheit auf den Menschen (schwere Lungenentzündung) vor allem Papageien verantwortlich gemacht wurden. Im Tierseuchengesetz wird die Erkrankung bei Papageien Psittakose genannt.

Osteomalazie
Weichheit und Verbiegungstendenz der Knochen durch mangelhaften Einbau von Mineralstoffen.

Papageienkrankheit
→ Ornithose.

Parasit
Schmarotzer an und in einem Lebewesen.

Paratyphus
→ Salmonellose.

PBFD
*P*sittacine *B*eak and *F*eather *D*isease, auch Schnabelnekrose oder Federverlustsyndrom. Die Krankheit geht mit Immunschwäche einher und endet meist tödlich. Sie wird verursacht durch Circoviren.

per os
Verabreichung über den Schnabel und das Verdauungssystem.

Pocken
Durch verschiedene Geflügelpocken-Viren verursachte Erkrankung, die (in der Hautform) als erhabene Veränderungen an der Haut (Pocken) sichtbar wird. Die Erkrankung kann akut und chronisch verlaufen. Bei der akuten Form kommt es zu schwerster Atemnot. Das Kanarienpocken-Virus ist das bekannteste.

Polyurie
Krankhafte Vermehrung der Harnmenge.

Potenzakkord
Das Heilmittel enthält Einzelmittel in mehreren Potenzen.

Psittakose
→ Ornithose.

Puderfedern
Sie streuen winzige Keratinteilchen als feinen weißen Puder aus. Damit werden die Konturfedern wahrscheinlich wasserdicht gemacht. Die Puderfedern kommen in Form von Dunen, Halbdunen oder auch Konturfedern vor.

Quarantäne
Räumliche Absonderung von Tieren von ihren Artgenossen über einen befristeten Zeitraum, um das Risiko der Übertragung von Krankheiten zu vermindern.

Salmonellose
Krankheiten, die durch Salmonellen (gramnegative Bakterien) ausgelöst werden, u. a. Darmentzündung.

Schichteier
Eitrümmer umschließende käsige Massen, die durchgeschnitten eine Schichtung zeigen.

Simile
Ähnliches. Homöopathisches Arzneimittel; es ruft beim Gesunden in hoher Konzentration dieselben Symptome hervor, gegen die es beim Kranken eingesetzt wird. Name kommt vom Therapieprinzip der Homöopathie: Ähnliches werde mit Ähnlichem behandelt.

Stockmauser
Vogel mausert nicht richtig durch.

Syrinx
Unterer Teil des Kehlkopfes an der Gabelungsstelle der Luftröhre; Organ der Stimmbildung bei den Vögeln.

Trauma
Verletzung, Wunde, Gewalteinwirkung.

Trichomonaden
Mehrgeißelige Einzeller (Flagellaten).

Urat
Endprodukt des Stickstoff-Stoffwechsels.

Vogeldiphtherie
→ Pocken.

Xanthom
Krankheit der Haut mit dicken, gelben Knoten (→ Xanthomatose, Seite 73).

Zoonose
Vom Tier auf den Menschen übertragbare Infektionskrankheit (→ hintere Umschlagseite).

Beschwerden-register

Halbfett gesetzte Seitenzahlen verweisen auf Farbfotos oder Zeichnungen.
U bedeutet Umschlagseite.

Aus Liebe und Verantwortung

Heimtiere machen nicht nur Kindern, sondern der ganzen Familie viel Freude. Und ob Hund, Hamster oder Wellensittich – wer sich einmal an den kleinen Liebling gewöhnt hat, möchte ihn nicht mehr missen. Deshalb ist es wichtig, über die Bedürfnisse der Tiere wirklich Bescheid zu wissen. Die **GU Tier-Ratgeber** – von anerkannten Autoren geschrieben – sind ideal als Helfer bei der artgerechten Haltung mit Herz und Verstand. GU Ratgeber gibt es zu allen beliebten Tierarten. Sie bieten Hilfe im täglichen Umgang mit dem jeweiligen Heimtier.

3-7742-3161-3

3-7742-3140-0

3-7742-3142-7

3-7742-3141-9

3-7742-3147-8

Mehr draus machen
Mit Gräfe und Unzer

GU GRÄFE UND UNZER

Literatur

Aeckerlein, W. (1993): Die Ernährung des Vogels: Grundlagen und Praxis. Ulmer Verlag, Stuttgart.

Gabrisch, K. und P. Zwart (1984): Krankheiten der Heimtiere. Schlütersche, Hannover.

Gratz, H. (1984): Erfahrungen mit biologischer Therapie bei Vögeln und kleinen Haustieren. Biologische Tiermedizin. Aurelia-Verlag Baden-Baden, Sonderdruck, 10/84.

Hahn, U. (1992): Vogelkrankheiten. Ursachen, Erkennung, Behandlung. Verlag Schaper, Hannover.

King, A. S. und J. McLelland (1978): Anatomie der Vögel. Ulmer Verlag, Stuttgart.

King, G. (1992): Veterinärhomöopathie. Einführung in die Materia medica. Schlütersche, Hannover.

Scheffer, M. (1996): Bach-Blütentherapie, Theorie und Praxis. Hugendubel (Irisiana), München.

Scheffer, M. (1994): Seelische Gesundheitsvorsorge für unsere Haustiere. Dr. Bach-Blütentherapie AG, Zürich.

Nützliche Adressen

Wenn Sie einen naturheilkundlich orientierten Tierarzt suchen, schauen Sie in den Gelben Seiten des Telefonbuches nach oder wenden Sie sich an eine der unten angegebenen Adressen oder an die zuständige Landestierärztekammer.

Institut für Bach-Blütentherapie
Forschung und Lehre
Mechthild Scheffer
Dr. Edward Bach Centre,
German Office
Lippmannstraße 57
22769 Hamburg

Institut für Bach-Blütentherapie
Forschung und Lehre
Mechthild Scheffer
Dr. Edward Bach Centre,
Austrian Office
Seidengasse 32/1
A-1070 Wien

Institut für Bach-Blütentherapie
Forschung und Lehre
Mechthild Scheffer
Dr. Edward Bach Centre,
Swiss Office
Mainaustrasse 15
CH-8034 Zürich

Bezug der im Buch angegebenen Heilmittel

Alle Heilmittel sind in Deutschland über Tierärzte und Apotheken zu beziehen.

Biologische Heilmittel Heel
Dr.-Reckeweg-Straße 2-4
76532 Baden-Baden

Heilmittel der Firma Heel erhalten Sie
in Österreich über
Dr. Peithner KG
Richard-Strauß-Straße 13
A-1232 Wien

in der Schweiz über
Hömöomed AG
Lettenstrasse 9
CH-6343 Rotkreuz

Heilmittel der Firma DHU erhalten Sie
in Österreich über
Dr. Peithner KG
Richard-Strauß-Straße 13
A-1232 Wien

in der Schweiz über
OMIDA AG
Homöopathische Heilmittel
Erlistrasse 2
CH-6403 Küssnacht am Rigi

Fotos

Anders: Seite U1, 4 li., 11, 12, 13 li., 16, U4;
Angermayer: Seite 2/3, 30/31;
Bilder Pur/Lenz: Seite 19 li.;
Bilder Pur/Reinhard: Seite 1, 5, 24/25;
Bilder Pur/Steimer: Seite 19 re.;
Juniors/Liebold: Seite 102/103;
Juniors/Wegler: Seite 4 re., 10;
Martin: Seite 23;
Morgan/Reinhard: Seite 6/7;
Reinhard: Seite 8, 9, 13 re., 15 li., 17, 18, 20, 21, 27;
Rittrich-Dorenkamp: Seite 29;
Wegler: Seite 15 re.

Der Autor

Dr. Bernard Dorenkamp ist praktischer Tierarzt mit der Zusatzbezeichnung Homöopathie. Nach dem Studium der Agrarwissenschaft in Osnabrück und der Tiermedizin in Hannover promovierte er auf dem Gebiet Geflügel über die Coccidiose der Gänse. Seit 1983 ist er in eigener Praxis (Tierärztliche Klinik) in Ostwestfalen tätig und interessierte sich immer auch ganz besonders für Vögel.
Er erwarb auf dem Gebiet der Homöopathie und anderer Naturheilverfahren ein umfangreiches Wissen, hielt zahlreiche Vorträge im Rahmen der Akademie für Tierärztliche Fortbildung über Biologische Tiermedizin und legte mehrere Veröffentlichungen vor. Seine Klinik wurde auf dem Gebiet der Homöopathie als Weiterbildungsstätte anerkannt.

Impressum

Redaktion: Michael Eppinger
Lektorat: Angelika Lang
Herstellung: Verena Römer
Umschlaggestaltung: Heinz Kraxenberger
Buchgestaltung: Hubertus Hepfinger
Satz: Buchmacher Bär
Reproduktion: Fotolito Longo
Druck: Appl
Bindung: VSB

ISBN 3-7742-3157-5

Auflage	4.	3.	2.	1.
Jahr	00	99	98	97